토론의 전사 2 – 토론의 방법을 찾다

토론 교육 전문가 유동걸 선생님이
쉽게 풀어 쓴 토론의 모든 것

토론의 전사

| 유동걸 지음 |

2

DEBATE

토론의 방법을 찾다

한결하늘

'토론의 전사'를 열어가며

 귀의 시대가 가고 입의 시대가 왔습니다.

자연과 인간의 아픔을 들을 줄 아는, 귀 큰 성인의 자취가 사라진 자리에 입의 욕망만이 가득합니다. 세상 어디나 자본과 권력을 가진 사람의 입에서 나오는 말들은 현란하지만, 귀는 꽉 막혀 세상은 온통 어지럽고 거리는 혼돈입니다.

교육을 통해서 오래된 미래의 비전을 길러 내야 하는 학교 역시 각종 욕망의 충돌, 제도의 압력으로 몸살을 앓는 단계를 지나 생존, 아니 존재 자체의 위협이 예사롭지 않게 느껴지는 상황입니다. 더 많이, 먼저, 빠르게 먹어 치우려는 욕망의 입들이 교실 안팎을 넘나듭니다.

돈이 없고 힘이 없어 학교에서 떨어져 나가는 아이, 부모를 잃어 가며 자기 스스로를 파괴해 나가는 아이들이 점점 비참해지는 현실에 아무도 귀를 기울이지 않습니다. 많은 교사들 역시 약자들을 위해 기울일 귀를 잃어버린 지 오래고 스스로 살아남기 위해 자기 입을 채워 가기에 급급한 현실입니다.

토론 교육이 왜 필요할까요? 대학 입시, 논술, 독서, 주체성, 살아 있는 교실 만들기 등 그 높이와 깊이를 추구하는 목표들이 적지 않고 또 속내를 자세히 들여다보면 그들의 본질이 크게 다르지 않을 것입니다.

토론의 전문가가 없는 현실에서 저 역시 부족하고 보잘 것이 없습니다. 토론을 통해 선생님들을 만나고 토론이 살아나는 교육을 하는데 작은 도움을 드려야 한다는 부담과 사명이 저를 이 자리에 이르게 했지만, 제가 이번에 품은 꿈은 '귀의 부활'입니다. 토론의 귀결점이 '입의 욕망'이 아니라 '귀의 겸손'임은 이미 선생님들께서 다 알고 계십니다. 기획안에 나온 내용도 대부분은 다 고민하고 만나 보신 내용입니다. 그럼에도 굳이 이런 자리를 만드는 것은 같은 시대, 비슷한 고민을 안고 가는 사람들이 빚어내는 공명의 장을 통해서 아직 바닥에 머물러 있는 토론 교육, 토론 문화의 뿌리를 좀 더 깊이 내리거나 그 싹을 한 뼘쯤이라도 더 올려 보려는 작은 몸부림이겠지요. 그 인연에 함께 하실 분들이 앞으로 세 달 동안 서로에게 스승이고 제자가 되리라 믿습니다. 그런 의미에서 이 공부가 철저하게 자기주도적인 참여형 강좌임은 스스로 잘 아시겠지요.

제목에 붙인 '전사'라는 말이 낯설 듯 합니다. 원래는 '공부의 달인' 시리즈처럼 '달인'이라는 말을 붙였는데, 토론 석 달 공부해서 달인이 된다면 세상에 달인 아닌 사람이 없을 터, 주제넘은 욕심을 버리고 소박하게(!) '전사'라는 이름을 붙였습니다. 자본주의의 전장 터에서 언제 어디서 쓰러질지 모르는 교육의 전사들이 길러야 할 작은 무기를 벼리고 다듬는 마당이 되었으면 하는 심정에서죠. 토론의 전사들이 일구어 낸 비전이 만나는 궁극적인 자리는 그 꿈을 간절히 바라는 선생님들의 몫입니다.

　토론을 통한 새 인연의 창조를 기다립니다.

　이 글은 2009년 4월, '토론의 전사'라는 토론 공부 모임을 처음 열면서 보낸 안내문입니다. 어느덧 삼 년의 세월이 흘렀고 지난 삼 년간 함께 토론을 공부해 온 과정을 돌아보니 한편 부끄럽고 한편으로는 뿌듯하기도 합니다. 이 책은 '토론의 전사' 공부길에서 만난 많은 전사들과 함께 고민하고 공부한 과정을 모아 낸 작은 열매입니다.

　토론 책의 제목에 '전사'라고 이름을 붙이니 이 책이 극렬한 싸움꾼을 길러 내는 논리 지침서가 아닌가 하고 오해하는 분들이 계시지 않을까 합니다. 이렇게 오해를 불러일으키는 '전사'라는 말에 대한 간단한 해명을 여기에 덧붙이고 싶네요.

　전사에 대한 다른 오해는 전사를 극렬한 싸움꾼 즉 투사로만 인식하는 관점이 아닐까 싶습니다. 전사의 '사'는 단지 무사의 사(士)만을 의미하지 않습니다. 무지함을 밥으로 삼는 스승 사(師), 미로를 찾아가는 테세우스를 살리는 실 사(絲), 하염없이 흔들리는 마음의 밭을 이르는 생각 사(思), 알면서도 활을 당기지 않는 무의 경지를 이르는 쏠 사(射) 등등 그 의미는 무궁하답니다. 그리고 보면 싸움을 나타내는 전(戰)자 또한 단순히 싸움만을 나타내지 않음을 짐작하시겠지요.

　이 책 본문에서 쿵푸의 달인 이소룡을 통해 토론의 철학과 싸움의 의미를 풀어 가는 내용을 보시면 아시겠지만, 전사는 단순한 말 싸움꾼을 뜻하지 않습니다. 예수와 소크라테스가, 디오게네스와 에밀 졸라가, 김구와 전태일이, 아니 수많은 인류의 성인들과 선현들이 진리를 찾아서 자기 삶을 온몸으로 던졌듯이 그렇게 온몸으로 세상에 맞서 불온하게 싸우는 사람들이 모두 진정한 삶의 전사, 토론의 전사인지도 모릅니다. 그런 의미에서 보면 '토론의 전사'는 삶을 자기의 온몸으로 배우고자 하는 모든 사람을 가리키는 은유이기도 합니다.

최근 '디베이트(debate)'라는 서양식 토론이 우리 교육계의 화두가 되면서 언어나 논리의 싸움꾼을 양산할 조짐을 보이고 있습니다. 이성과 논리의 힘이 부족한 한국 사람들에게 디베이트 교육은 사고의 뼈대를 튼튼히 하고 인식의 피와 살을 보태는 좋은 교육 방법입니다. 하지만 대립과 승패를 축으로 하는 디베이트 교육의 바탕에 소통과 화합의 철학이 없다면, 디베이트 능력은 약육강식의 현대 사회에서 강자들에게는 강력한 무기가 되고 약자들에게는 논리의 피해자가 되어 피를 흘려야만 하는 현실을 강화하는 불평등의 괴물이 될지도 모릅니다. 토론의 전사는 자본주의 시대의 괴물이 아니라 그러한 괴물과 맞서는 평화의 사도로서의 토론을 배워 가는 작은 공부 과정입니다.

이 책이 나오기까지 함께 길을 걸어 준 우정 어린 토론의 벗들에 대한 감사로 이 글을 마쳐야겠네요.

2000년, 원탁 토론을 통해서 제게 처음으로 토론에 눈을 뜨게 해 주신 강치원 교수님께 먼저 감사의 말씀을 올립니다.

전사 1기는 산빛 이혜원 선생님과 함께 시작하였습니다. 처음 기획과 운영을 같이 시작했으니 이 책의 운명도 이혜원 선생님의 혼과 땀이 같이 일구어 낸 결실입니다. 전사 1기의 발을 내딛기 이전에 이혜원 선생님과 토론 공부를 같이 해 온 류선옥, 정경화 선생님은 토론의 전사 출범을 같이 축하하고 도와주신 은인들입니다. 이 자리를 빌어 감사의 말씀을 전합니다.

1기 전사로 참여해서 2기 이후 지금까지 전사의 길을 뜨겁게 함께 걸어 오신 지음 김윤아 선생님이 아니었다면 토론의 전사는 이미 그 운명을 다했을지도 모릅니다. 매 기수마다 누구보다 헌신적으로 전사의 길을 같이 걸어 주신 김윤아 선생님께 토론의 영혼을 담아 감사 인사를 전합니다.

그동안 만났던 전사들이 그립습니다. 상상도 할 수 없는 내공들로 가득찼던 전사 1기들, 조촐하지만 따뜻한 마음으로 서로에게 토론의 기운을 나누었던 2기, 토론의 정석을 마련하는 기초를 닦아 주신 3기, 그리고 과천중학교의 화기애애한 4기 선생님들, 다름 속에서 조화를 이루어 나간 5기, 모두가 고등학교 선생님으로 구성돼 유난히 끈끈했던 6기, 전사를 마치고 배꽃 피는 날 만나자는 약속을 끝내 이루지 못한 7기, 짧은 시간 안에 훌쩍 만나고 아쉽게 헤어진 8기, 진솔한 목소리로 토론의 정수를 고민하던 9기 그리고 충북 영동에서 만난 10기 선생님들과 현장의 접목을 좀 더 구체적으로 고민하던 11기.

이 모든 과정을 함께 걸어 주신 전사분들이 계시지 않았다면 이 책은 빛을 보지 못했을 것입니다. 그런 의미에서 그동안 전사의 길을 거쳐 가신 모든 분들이 이 책의 공저자인 셈이지요.

교원캠퍼스에서 진행하는 온라인 연수, '소통을 꿈꾸는 교사들의 토론 여행'은 이 책의 원고를 다듬는 실질적인 역할을 했습니다. 이 책에서 들려오지 않는 목소리를 듣고 싶은 선생님들은 연수에서 생생한 목소리와 영상들로 만나 보시길 권합니다.

바쁘신 가운데 부족한 원고를 멋진 책으로 다듬어 주신 해냄에듀 정덕균 이사님과 김형국 차장님께도 감사 인사 올립니다.

지금은 하늘에 계신 부모님이 그립습니다. 늘 옆에서 응원하는 아내 명순 씨 그리고 한결, 하늘 두 아들에게도 무한히 감사하다는 작은 목소리의 인사를 전합니다. 그리고 누구보다도 이 책의 실질적인 주인이신 독자님들께도…….

– 유동걸

유동걸 선생님은 오랫동안 학교 토론을 이끌어 오신 대표 가운데
한 분이십니다. 우리나라에 토론 교육이 매우 생소할 때부터 어떻게
토론을 교육에 이끌어들일까 노심초사 진력하신 선구자이셨습니다.
이번에 선생님의 그간 노력이 책으로 출판된 것에 대해 우선 축하의
말씀을 드리고, 더불어 감사하다는 말씀을 드리지 않을 수 없습니다.
토론 교육에 목말라 하는 많은 선생님이나 학생들, 그 밖의 여러 분들
께 이 책은 커다란 즐거움이 될 것이기 때문입니다.

선생님의 이 책은 몇 가지 특징이 있습니다. 매 장마다 접근하기 쉬
운 사례나 대화 혹은 이야기로 글을 시작하고 있습니다. 자칫 어렵게
느낄 수 있는 토론에 대한 거부감을 없애 준다는 점에서 매우 훌륭하다
고 생각합니다. 뿐만 아니라 영화나 드라마 등을 예로 들어 전개함으로
써 다양함과 변화를 주어 글이 지루하지 않습니다. 이런 점은 토론을
좀 더 가깝게 느낄 수 있도록 해 준다는 점에서 인상적입니다.

선생님의 글은 쉽고 부드럽습니다. 뿐만 아니라 내용이 알찹니다.
글이 쉬우면 알차기 어렵고, 내용이 알차면 어려워지기 십상입니다.
하지만 선생님의 책은 쉬울 뿐만 아니라 알차다는 특징이 있습니다.
잡기 어려운 두 토끼를 잘 잡으셨습니다. 초등학교 고학년부터 중학
생이나 고등학생까지 마음 놓고 추천할 수 있는 드문 책 가운데 하나

가 되었습니다.

또한 선생님의 책은 다양한 토론 방식들을 망라하려고 애쓰셨습니다. 이는 자칫 어느 한쪽으로 치우칠 때 나타나는 시각적 편협에서 벗어나 균형 있고 자리 잡힌 관점을 제공한다는 점에서 매우 중요합니다. 토론의 목표는, 선생님께서도 누누이 말씀하신 것처럼, 균형과 조화 그리고 공정의 정신을 살리는 데 있기 때문입니다. 이런 점에서 선생님의 이 책은 토론의 정신을 그대로 구현한 글이라 할 수 있습니다.

토론 교육에 관심을 갖고 있는 한 사람으로서 선생님의 이 책에 추천사를 쓸 수 있게 된 것은 큰 영광이라고 생각합니다. 더불어 이 책이 우리나라 토론 교육에 기여할 공헌에 대한 기쁨을 감출 수 없다는 점도 고백해야 하겠습니다. 유동걸 선생님께 거는 우리나라 토론 교육계의 기대를 전하면서 앞으로도 계속해서 토론 교육 발전에 공헌해 주시기를 청원합니다.

– 백춘현(한국토론교육연구소 소장)

　전국국어교사 모임 활동가의 한 사람으로서 유동걸 선생님께서 '토론의 전사' 연수를 한다는 소식은 일찍부터 들어 알고 있었습니다. '토론의 전사'라는 이름이 시적 표현처럼 강렬하면서도 매우 독특해서 그 이름은 오래 기억하고 있었는데, 그 뜻이 워낙 강하게 다가와서 그저 논리의 싸움꾼만을 키워 내는 활동은 아닌가 생각했습니다.

　그러나 3년에 걸쳐 토론의 전사 연수를 받은 선생님들을 간혹 만나면서 들은 이야기는 매우 흥미로웠습니다. 그 선생님들은 '토론의 전사'가 단순한 말싸움꾼을 길러 내는 과정이 아니라고 했습니다. 토론 연수임에도 불구하고, 논리보다는 시와 감성의 공부를 더 많이 하고, 논리적인 공격보다는 상대방의 목소리를 경청하고 애정을 담은 마음으로 상대방에게 질문을 하는 공부를 많이 했다고 말이지요. 토론 공부 과정 속에 다양한 이야기들이 펼쳐져서 매우 흥미진진했다는 이야기들도 들었습니다.

　'토론의 전사'가 책으로 묶여 나온다는 말을 듣고 기대와 흥미를 가졌던 것은, 과연 토론이라는 딱딱한 주제를 책으로 재미있게 쓸 수 있을까, 그리고 차가운 논리의 이야기를 따스한 감성으로 포용할 수 있을까 하는 점 때문이었습니다. 막상 책을 보니 각 장마다 펼쳐지는 이야기는 재미있을 뿐만 아니라 감동과 교훈도 담고 있었습니다. 또한 영화, 드라마, 시 등을 토론과 절묘하게 결합시키는 솜씨에는 감탄을 금할 수가 없었습니다.

오랜 시간 교육 현장에서 아이들을 가르치면서 그동안 적지 않은 토론 책을 보았습니다. 대부분의 책들이 딱딱한 지식들을 나열하고 있어 아쉬움이 많았는데, 이 책을 읽고 나서는 '이제야 우리도 즐거운 마음, 진지하고 뜨거운 열정으로 읽을 만한 토론 책 한 권을 갖는구나.' 하는 마음에 설레기까지 했습니다.

시중에 나와 있는 수많은 토론 책 가운데 이 땅의 교사와 학생들이 읽어야 할 단 한 권의 책을 권한다면 바로 이 책입니다. 이 책은 논리에 감성이 스며들고, 철학에 문학이 어우러진 멋진 토론 교육 지침서입니다.

모쪼록 우리 사회의 토론 교육에 새로운 이정표를 세우는 이 책과 토론의 즐거움에 푹 빠져보시기를 기원합니다.

– 김은형(전 전국국어교사모임 회장)

1

토론의 첫 자리

– 구인 광고와 자기소개

(한국의 선생님들과 중국의 조선족 선생님들이 언어 교류를 위해 만나는 자리. 스무 명 남짓한 선생님들이 회의장에 들어와 자리에 앉는다.)

석환 여기 옆 자리에 앉아도 될까요?

명희 네, 저도 이번 학술 행사가 처음이라……. 반갑습니다. 선생님도 처음이신가요?

석환 아니요. 저는 처음은 아니고 세 번째 참석하는데도 여전히 낯설 군요. 얼굴 아는 분들이 몇 분 계시기는 합니다만…….

사회자 자, 드디어 우리가 이렇게 만났습니다. 한국에서 오신 분들도 각 지방의 사람들이 전부 한자리에 모인 건 처음인데, 이번 한국의 국어 교사들과 중국의 조선족 가운데 우리 국어를 가르치는 사람 들이 모이는 학술 행사를 열게 되어 매우 뜻깊습니다. 우선 이번 행사의 취지에 대해서 토론을 해 볼까요?

석환 그렇기는 한데, 아직 서로 이름도 모르고, 얼굴을 본 것도 몇 시 간이 채 안 되는데, 바로 토론을 하기는 어렵지 않을까요?

명희 저도 이번에 처음으로 한국의 선생님들을 만나 뵙게 되어 영광스 럽고 가슴이 매우 떨립니다. 이번 학술회의의 토론 주제가 있기는 하지만, 시간이 그렇게 부족한 상황이 아니라면, 같이 참여하는 사람들끼리 서로 소개하고 인사라도 나눠야 하는 건 아닌지요?

사회자 아, 저도 이번 초행길에 첫 행사의 사회를 맡다 보니 저도 모르게 긴장이 되어 서로 인사도 없이 행사부터 진행했습니다. 불찰을 용서하십시오. 그리고 보니 제가 행사보다 중요한 걸 잊었습니다. 사실 토론은 만남을 통해서 새로운 관계를 열어 나가고, 더욱 폭 넓고 깊은 의사소통을 배워 나가는 거라는 것을 잊었습니다. 특히 이번 행사에 처음 참석하시는 분들은 더욱 당혹스러우실 텐데, 용서하시고요, 그럼 지금부터 자기를 소개하고 상대방을 조금이나마 깊게 이해할 수 있는 방법을 알려드릴 테니, 다 같이 제가 이끄는 대로 따라 주시기 바랍니다.

나를 기억시켜라!

모든 사물은 불멸의 힘에 의해
멀게 혹은 가까이 서로 숨겨진 채 연결되어 있다.
별을 성가시게 하지 않고서는 꽃을 피게 할 수 없다.

– 프랜시스 톰슨

토론은 소통이고 만남입니다. 토론은 전문적인 지식을 가진 사람들이 모여서 의견을 나누거나 쟁점을 두고 치열하게 다투는 활동이기도 하지만, 교육 현장에서는 서로에 대해 잘 모르는 낯선 사람들이 모여서 자기를 드러내고, 상대방을 알아 가는 교육적인 과정이기도 합니다.

처음 만난 사람들이 모였을 때, 분위기는 좀 썰렁하고 어색하지요. 학기 초 저마다 다른 반에서 온 학생들이 한 반에 처음 모였을 때, 그 묘하고 어색한 분위기처럼 말이지요. 소통과 만남이 바탕이 되는 토론에서는 무엇보다도 서로를 편안하게 받아들이고 자신을 자연스럽게 드러내는 과정이 중요합니다. 인상적으로 자기를 소개하고, 또 상대방의 개성을 빠른 시간 안에 이해하고 받아들이는 과정으로부터 토론은 시작됩니다.

코린 맥러플린의 『새벽의 건설자들』(한겨레신문사, 2005)이라는 책에는 프랜시스 톰슨이 한 위의 말이 언급되어 있습니다. 세상 모든 만물과 사람들은 보이지 않는 힘에 의해 연결되어 있다는 것이지요.

토론은 소중한 만남의 관계를 이루어 가는 첫 걸음이고, 첫 만남은 그래서 무척 소중합니다. 토론 공부의 첫 걸음은 함께 공부할 사람들을 자연스럽게 사귀어 가는 과정으로 시작합니다.

'구인 광고'로 인사하기

교실이나 다른 모임에서 처음 만난 사람들이 긴장된 표정으로 앉아 있습니다. 무언가 이야기를 하고 수업이나 모임을 시작해야 하는데, 막막하지 않으신가요? 그럴 때 '구인 광고'라는 방법을 활용하면 자연스럽게 서로 인사를 나눌 수 있습니다.

'구인 광고'란 종이에 스무 개 정도의 항목을 만들고, 그 안에 사람들의 경험과 성격, 사건 등을 참여자들의 수준에 맞추어 다양하게 기록한 종이를 말합니다. 자기가 누구인지 효과적으로 상대방에게 각인시키는 방법이지요.

그 진행 과정을 자세히 적어 보면 다음과 같습니다.

1) 구인 광고지 만들기

모인 사람의 특성에 맞게 구인 광고지를 만듭니다. 스무 개의 항목에는 누구에게나 해당하는 보편적인 내용을 주로 담고 그 모임의 특성에 맞는 특수한 내용을 추가로 배치합니다.

구인 광고지는 다음과 같습니다.

구인 광고(   )

독서로 밤을 샌 적이 있다. ( )	사귀는 이성 친구가 있다. ( )	악기를 연주할 줄 안다. ( )	직업 경험이 다양하다. ( )	자격증이 5개 이상이다. ( )
자막 없이 노래를 10곡 이상 부른다. ( )	3대가 한 집에 산다. ( )	두 달에 한 번 이상 영화를 본다. ( )	꾸준히 하는 운동이 있다. ( )	번지 점프 기회가 오면 도전한다. ( )
남들 앞에서 춤추거나 노래할 수 있다. ( )	여행을 좋아한다. ( )	3개국 이상 가 본 적 있다. ( )	1년에 5회 이상 산에 간다. ( )	한 달 이내 손으로 편지를 쓴 적 있다. ( )
정치에 관심이 많다. ( )	야구장에 가 본 적이 있다. ( )	김치를 잘 담근다. ( )	맛집을 열 곳 이상 안다. ( )	자취 생활을 해 본 적이 있다. ( )

〈구인 광고 사례 1〉

　위의 사례는 보편적인 사람들의 사례인데요, 만약 모임 구성원이 국어 교사들이라면, 시를 다섯 편 이상 암송하는 사람, 소설 교육을 좋아하는 사람, 토론 수업을 해 본 사람 등의 항목을 넣을 수 있겠지요. 또 학생들의 경우라면 이성 교제 경험이 있는 사람, 학원을 한 번도 안 다녀 본 사람, 어린 시절 해외 유학 경험이 있는 사람 등 최대한 학생들의 삶에 가까운 내용들로 채울 수 있습니다.

　구인 광고의 항목들은 빈 곳 없이 다 채우지 않고 열 개 정도만 예시로 채워 두고 남은 몇 개의 공간은 비워 두는 것도 좋습니다. 구인 광고지에 딱히 자기를 소개할 만한 내용이 없다면 직접 만들어서 쓰는 것도 인상적이고 좋겠지요.

구인 광고(   )

독서로 밤을 샌 적이 있다. ( )	사귀는 이성 친구가 있다. ( )			
		두 달에 한 번 이상 영화를 본다. ( )	꾸준히 하는 운동이 있다. ( )	번지 점프 기회가 오면 도전한다. ( )
	여행을 좋아한다. ( )		1년에 5회 이상 산에 간다. ( )	
정치에 관심이 많다. ( )	야구장에 가 본 적이 있다. ( )			자취 생활을 해 본 적이 있다. ( )

〈구인 광고 사례 2〉

2) 활동 전 설명

구인 광고지를 나누어 주고 진행 방법을 이 책의 내용처럼 설명합니다.

3) 자신이 해당하는 곳을 파악하기

구인 광고지를 받으면 '구인 광고'라는 제목 옆에 자신의 이름을 크게 씁니다. 그리고 자신이 전체의 항목 중에 몇 가지 정도 해당되는지 눈으로 살펴봅니다. 해당되는 내용이 많을수록 자신이 다른 사람의 종이에 써 줄 게 많아 더 좋겠지요.

4) 서명 받고, 서명 해 주기

사회자가 '서로 소개하기'의 시작을 선언하면 자기를 제외한 모든 사람과 인사를 하고 구인 광고의 (   ) 안에 서명을 받습니다. 서명을 받기 전에 만나는 사람마다 반드시 악수를 합니다. 악수 후에 인사를 나누면서 자기소개를 하고 상대방의 서명지에 나한테 해당하는 영역을 찾아서 한 곳에만 서명을 해 줍니다. 내 종이에도 똑같이 한 곳에만 상대방의 서명을 받습니다.

5) 질문 주고받기

서명을 받고 나면 상대방이 서명한 내용을 보고 반드시 세 가지 이상 질문을 합니다. 예를 들면, 상대방이 '두 달에 한 번 영화를 본다.'에 서명을 했다면, 그 사람에게 '무슨 영화를 누구랑 보았는가, 가장 감동적인 장면은 무엇이었는가, 그 감독의 다른 영화를 본 적이 있는가, 별점을 준다면 몇 개를 주겠는가, 스무 자 평을 한다면 어떻게 하겠는가.' 등 다양한 질문을 주고받습니다.

시간이 충분하다면 질문 횟수도 많아지고, 대화 내용도 깊어질 수 있겠지요. 시간이 부족하다면 세 가지 이상 질문하기 어려우니 한두 가지로 가볍게 하고 넘어갑니다. 서로의 소통과 이해를 위한 과정으로 이해하면 됩니다. 상대방이 대답한 내용은 상대방 서명 옆에다 간단히 기록합니다.

6) 모든 사람과 인사 나누기

같은 방법으로 그 모임에 참석한 사람들 전원의 서명을 받습니다. 구인 광고는 대략 30명 이내(주로 15~20명 정도)의 모임에서 활용하기 적절합니다. 인원이 20명 이상이면 질문 내용을 줄이고 속도감 있게 진행해야 전체적인 시간 안배가 가능합니다. 서명을 모두 받은 사람은 다시 자기 자리에 돌아가 앉습니다.

7) 인상적인 사람 소개하기

　모두 자리에 앉으면 사회자가 한 사람씩 돌아가면서 가장 인상적인 사람을 한 명 소개하도록 시킵니다. 사회자가 먼저 시범을 보이는 것이 다른 사람들이 말하는 데 도움이 되겠지요.

　인상적인 사람을 발표할 때에는, 그 사람의 이름과 인상 그리고 서명하면서 말해 준 내용을 중심으로 말합니다. (저는 김치를 잘 담근다는 ○○○ 님이 인상적이었습니다. 왜냐하면…… 등)

　이렇게 전원이 돌아가면서 인사를 하고 나면 어색했던 분위기가 활발해지고 함께 토론하고 공부할 사람이 누구인지, 어떤 개성을 지닌 사람인지 자연스럽게 파악할 수 있습니다.

'하얀 거짓말' 로 자기소개하기

　이번에는 '하얀 거짓말' 토론을 해 보겠습니다. '하얀 거짓말' 이란 '새빨간 거짓말' 과 달리 수단으로서의 거짓말, 서로에게 도움이 될 만한 내용을 만들기 위해 하는 도구적인 거짓말을 의미합니다.

　실제로는 진실한 내용을 더 오래 기억하기 위해 만든 거짓말 장치로 영화로 말하면 일종의 조연 같은 역할을 하는 것입니다.

하얀 거짓말을 진행하는 방법은 다음과 같습니다.

1) 다섯 개의 자기소개 항목 만들기

참가자 각자가 자기에 관한 네 가지 '참'과 한 가지 '거짓말'을 만들어서 차례대로 들려줍니다. 모두가 그럴듯한 사실인 것처럼 들려주어야 효과가 있겠지요.

2) 하얀 거짓말 선택하고 토론하기

다른 참가자들은 다섯 가지 항목 가운데 거짓말이라고 생각되는 한 가지가 무엇인지 결정합니다. 그리고 그 근거와 이유를 추측해서 토론을 합니다.

3) 토론 이어 가기

첫 번째 결정한 내용이 틀렸을 경우에는 나머지 항목 가운데 거짓말이라고 생각되는 것을 다시 추측해 봅니다. 그리고 거짓말을 맞출 때까지 계속 토론을 이어 갑니다.

그럼 예를 하나 들어보겠습니다. 저를 한번 소개해 볼 테니, 하얀 거짓말을 찾아보세요.

❶ 저는 일 년에 책값으로 이백만 원을 씁니다.
❷ 저는 배에 '임금 왕(王)' 자가 새겨져 있습니다.
❸ 저는 하루에 두 끼만 먹습니다.

❹ 저는 텔레비전에 5회 이상 출연했습니다.

❺ 저는 토론보다 시를 사랑합니다.

이 가운데서 하얀 거짓말은 무엇일까요?

이렇게 질문을 하면 사람들이 대답을 하고, 나중에 자기를 소개하는 사람이 사실이 아닌 것을 정답으로 알려 줍니다. 매력적인 오답에 대해서도 설명을 해 주고요. 저 가운데 어느 것이 정답이냐고요? 그것은 여러분들의 상상에 맡기겠습니다.

이 '하얀 거짓말' 은 수업 시간에도 활용할 수 있습니다. 공부한 내용을 복습하는 데 아주 유용하지요.

먼저 교과서 범위를 지정해 주고 학생들에게 범위 내에서 다섯 가지 문장을 만들도록 합니다. 이 가운데서 하나의 문장은 의도적으로 틀린 문장을 넣도록 합니다. 이 틀린 문장이 바로 '하얀 거짓말' 이 되겠지요. 이렇게 하면 자연스럽게 수능 시험 문제와 같은 5지선다형 문제를 출제하는 훈련을 하게 됩니다.

'하얀 거짓말' 은 수업 시간에 모둠 게임으로 진행할 수 있습니다. 먼저 학생들을 모둠으로 나눈 후, '돌아가며 말하기' 를 통해 문제를 제시하도록 합니다. 그리고 문제를 맞힌 사람은 모둠 기록장에 체크를 합니다. 마지막으로 모둠원 가운데 가장 많이 맞힌 사람을 한 사람 뽑습니다.

모둠 대항 게임으로 진행할 때는 모둠별로 대표 문제를 뽑아 다른 모둠에게 출제하고 각 모둠의 대표 학생이 하얀 거짓말을 찾습니다.

하얀 거짓말을 찾으면 칭찬을 하거나 상품을 줍니다.

내 머릿속 그리기

다음 그림을 같이 보실까요?

어떤 그림인지 아시겠지요? 이 그림은 한 학생의 머릿속을 나타내고 있는 그림입니다. 이 그림처럼 우리의 머릿속도 한번 그려 볼까요?

먼저 빈 공간에 사람의 두뇌를 그려야 합니다. 그리고는 요즘 자신

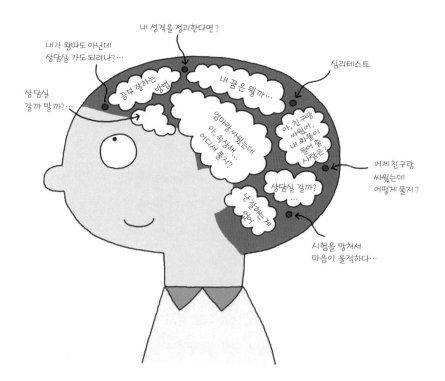

의 머릿속을 차지하고 있는 것들이 무엇인지 그려 넣습니다. 관심사와 고민의 크기, 중요도에 따라서 머릿속에 그려지는 주름살의 크기가 달라집니다. 아주 작은 것은 점처럼 표시할 수도 있습니다.

학생들에게 머릿속을 그리게 할 때에는 동기를 부여하기 위해 영화 「쇼생크 탈출」의 한 장면을 예화로 들려줄 수 있습니다.

주인공 앤디 듀프레인(팀 로빈스)은 아내와 아내의 정부를 죽였다는 억울한 누명을 쓰고 두 번의 종신형을 선고받습니다. 그가 간 감옥은 악명 높은 쇼생크 감옥. 규율과 성경만을 따르라고 강요하며 죄수들을 폭력적으로 관리하는 곳입니다. 이 영화는 주인공 앤디가 그곳에서 20년을 살다가 극적으로 탈옥하는 내용인데요, 영화 중간중간 앤디가 감옥 안에서도 진정한 자유의 향기를 느끼는 장면이 여럿 나옵니다.

그 가운데 간수가 화장실에 간 틈을 타서 앤디가 방송실 문을 잠그고 모차르트의 「피가로의 결혼」을 교도소 전체에 틀어 주는 장면은 압권입니다. 영혼의 자유, 영혼의 아름다움을 느끼지 못하고 회색빛 감옥 안에, 그보다 더 심한 정신의 감옥 안에 갇혀 있던 죄수들은 비로소 자신들도 느낄 수 있고, 자유로울 수 있는 인간이란 점을 실감합니다. 앤디의 용기 있는 행동이 쇼생크 감옥 내의 많은 사람들에게 진정한 자유의 의미와 영혼의 아름다움을 선사한 것이지요. 그 대가로 앤디가 받은 고통은……. 아마 다들 짐작하실 것입니다.

앤디는 2주 동안 독방 생활을 합니다. 그리고 다시 만난 교도소 친구들. 친구들은 앤디의 밝은 표정을 보며 의아해합니다. 그리고는 두

주 간의 독방 생활이 힘들지 않았냐고, 하루가 일 년처럼 길었을 텐데 고통스럽지 않았냐고 묻지요. 그러자 앤디는 모차르트가 자기와 같이 있었다고, 내 머릿속에, 내 가슴속에 모차르트가 함께 있었다고 말합니다. 음악은, 예술은 그래서 아름다운 것이라고 반문하면서 말입니다.

자유를 향한 희망을 버리지 않았던 앤디에게는 아름다운 예술혼, 영혼의 향기가 머릿속을 떠나지 않았기에 지옥 같은 독방 생활도 견딜 수 있었던 것이지요.

자, 그럼 우리 머릿속에는 모차르트가 아닌 그 무엇이 자리를 차지하고 있을까요? 그림으로 그려 볼까요? 사람들은 누구나 자기가 꿈꾸는 이상이 있고 현실이 있고 또 기억 저편으로 흘려 버린 과거가 있습니다. 나의 과거와 현재, 그리고 미래는 내 머릿속에서 어떤 비중을 차지하며 숨 쉬고 있는지 각자 그려 보도록 합니다.

그리기를 마친 뒤에는 교사가 먼저 자신의 머릿속을 보여 주고 설명합니다. 그리고 시간이 허락하는 범위 내에서 참가자들의 머릿속에 담긴 소중한 추억과 고민, 그리고 이상들을 발표하게 하면서 이야기를 나눕니다.

내 머릿속, 가슴속에 있는 것을 표현하고자 할 때, 그냥 말하기는 어렵지만, 「쇼생크 탈출」의 앤디 이야기를 들려주면 훨씬 자연스럽게 자기 이야기를 풀어 나갈 수 있을 것입니다.

구인 광고와 자기소개하기의 활용

　이상의 내용들은 학기 초에 활용하기 적절한 말하기 혹은 자기소개 방법입니다. 학생들에게 무작정 나와서 자기의 과거와 꿈 등을 말해 보라고 하면 어색해하고 어려워하지만, 이와 같은 방법들을 다양하게 활용하면 학생들이 자연스럽고 재미나게 서로를 이해하고 소통하는 방법을 배워 나갈 수 있습니다.

2

미덕으로 만드는
경쟁과 협동의 토론

– 버츄 카드와 피라미드 토론

한솔 저……. 선생님, 잠깐 드릴 말씀이 있는데요.

선생님 응, 한솔아! 이쪽으로 앉으렴. 그래, 무슨 얘기야?

한솔 저기요……. 선생님, 저희 반 어떤 아이가 너무 싫어요. 혼자 너무 잘난 체를 하고요, 말도 진짜 재수 없게 해요. 그런데 그 애를 미워하는 제가 더 그 앨 신경 쓰고 사는 게 싫어서, 그런 마음을 좀 없애고 싶어요.

선생님 아, 우리 한솔이가 그동안 친구 때문에 신경이 좀 많이 쓰였나 보구나? 그러니까 그 애를 미워하는 것이 싫고, 더 이상 그 애를 신경 쓰지 않고 편하게 지내고 싶다는 거지?

한솔 네.

선생님 그래, 한솔이 얘기를 들으면서 선생님은 한솔이가 참 현명하고 용기 있는 아이구나 하는 생각이 들어. 이런 얘길 남한테 하기도 쉽지 않은데 선생님한테 직접 찾아와서 해결하려는 태도가 참 믿음직하게 느껴지고.

한솔 뭐, 꼭 그런 건 아니구요.

선생님 자, 그럼 샘하고 카드놀이 한판 해 볼까? 여기 미덕 카드가 52장 있는데, 이 중에 지금 너한테 꼭 필요한 카드가 들어 있어. 마음을 차분하게 가라앉히고 카드를 한 장만 뽑아 보렴.

한솔 (조심스럽게 카드 한 장을 뽑는다.) 여기요.

선생님 음, 겸손이라는 카드구나. 그럼, 천천히 카드의 앞면과 뒷면을 읽어 보고 떠오른 생각이 있으면 얘기해 줄래?

한솔 (천천히 카드의 앞면과 뒷면을 읽는다.) 음……. 여러 가지 생각이 떠오르는데요, '내가 그 애를 너무 나쁜 쪽으로만 판단하고 있었구나.' 하는 생각이 들어요. 그 애의 모든 면이 나쁜 건 아니었고, 어떤 면이 저에게 좀 거슬렸던 건데……. 그게 저의 실수라는 생각이 들어요. 그리고 이렇게 실수를 통해 배우는 걸 소중히 여기라는 말도 마음에 와 닿아요.

선생님 그렇구나. 한솔이는 참 진실한 사람이구나. 게다가 배우는 속도도 아주 빠르고! 자, 그렇다면 앞으로 그 아이를 어떻게 대할 거야?

한솔 음……. 사실 그 애 때문에 기분 나쁜 일이 있었는데요, 그게 꼭 그 애의 잘못만은 아니었어요. 그 일은 풀고요, 앞으로는 좋은 마음으로 그 애랑 다시 말을 해 봐야겠어요.

선생님 그래, 한솔이 마음이 편안해진 것 같아서 샘도 기쁘다. 오늘 일을 통해서 한솔이 마음이 한 뼘쯤 커졌을 것 같은데, 이 순간을 잘 기억해 두기 위해서 잠시 일기를 쓰거나 산책을 하는 것이 어떠니?

한솔 네, 그럴게요, 선생님! 감사합니다.

버츄 카드란?

앞의 대화에서 학생의 생각을 자연스럽게 이끌어 내는 데 활용된 카드가 바로 '버츄 카드(Virtues Cards)'입니다.

저도 언젠가 중국에 국어교육 교류를 위한 학술 여행을 가면서 동행한 사람들과 카드를 뽑아 본 적이 있습니다. 보통은 한 장을 뽑는데, 그때는 세 장을 뽑았습니다. 카드의 내용은 아름다움과 열정, 예의였습니다. 아, 이번 학술 여행에서 아름다움을 열정적으로 추구하되, 열정이 넘치지 않을 정도의 예의를 지키라는 말이구나, 이렇게 연결 지어 저의 자세를 가다듬었습니다.

동행한 선생님들도 같은 방식으로 뽑았는데, 재미난 것은 길을 안내하는 분이 뽑은 카드가 지도력, 친절, 배려의 카드였다는 것입니다. 마치 점을 쳐서 자신의 역할을 뽑아내듯이 말이지요. 버츄 카드는 사실 어떤 카드를 뽑아도 자신의 상황과 생각을 연결 지을 수 있는 카드이기도 합니다.

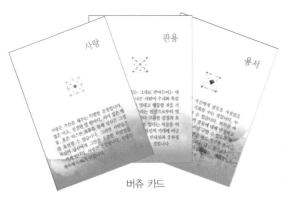

버츄 카드

'버츄 카드'를 우리 말로 바꾸면 '미덕의 카드'가 됩니다. '버츄(Virtues)'는 '미덕'이라는 의미로 번역되니까요. 보통 버츄 카드는 우리 안에 있는 미

덕을 개인이나 그룹이 함께 연
마하기 위한 도구로 쓰입니다.

한국 버츄 프로젝트

버츄 카드는 1970년대 북미
의 한 작은 소도시 정신과 의사
였던 린다 캐벌린 포포프(Linda
Kavelin Popov)가 자기 아이의
학교생활을 보고 행동 장애 아
이들을 위한 인성 교육 프로그램을 고민하는 과정에서 태어났는데,
1990년대에는 남편 댄 포포프와 남동생 존 캐벌린과 함께 '버츄 프로
젝트'를 창안하기도 합니다.

그 후 유엔 사무국으로부터 '모든 문화권에서 활용할 수 있는 세계
적인 인성 교육 프로그램의 전형'으로 인정받았고, 현재 우리나라에
서는 '한국 버츄 프로젝트(http://virtues.or.kr)'에서 다양한 교육
자료와 프로그램을 개발, 보급하고 있습니다.

그리고 '생명 평화 마중물(http://www.yespeace.or.kr)'에서는
버츄 카드와 비슷한 카드를 '가치 성장 카드'라는 이름으로, 일반인
을 위해 값싼 가격으로 판매하고 있습니다.

버츄 카드를 활용한 자기소개

토론은 경쟁과 승패가 있는 일종의 경기입니다. 그러다 보니 토론

수업 초반에는 학생들의 경쟁심과 승부욕이 발동하여 말싸움, 감정싸움으로 번지는 경우가 있습니다. 토론을 잘하기 위해서는 상대방에 대한 존중과 사고의 유연성, 창의성 같은 미덕이 필요한데, 그래서 토론 과정에서 이런 미덕들을 개발하고 연마할 수 있는 기회를 만들어 줄 수는 없을까 고민합니다.

토론은 그 자체가 논리적인 말하기 실력을 기르는 활동입니다. 그런데 여기에 '인성'이라는 요소 하나를 더 추가함으로써 그 효과를 배가시킬 수 있습니다. 그 도구가 바로 버츄 카드입니다. 토론을 시작하기 전 버츄 카드를 활용해 자기소개를 하면 '구인 광고'나 '하얀 거짓말'과는 또 다른 효과를 낼 수 있습니다. 버츄 카드를 활용하면 교실 분위기가 한층 차분해지고, 토론자 한 사람 한 사람을 더 깊이 이해하게 됩니다. 그래서 생각이 다르다고 해서 쉽게 말싸움으로 흐르지 않게 되지요. 또한 버츄 카드로 토론을 하게 되면, 학생들이 토론을 재미있는 놀이로 받아들이게 되고, 정선된 언어로 된 카드를 접하면서 인성 교육의 효과도 동시에 거둘 수 있습니다. 한마디로 일석삼조의 효과를 거둘 수 있는 셈이지요.

그럼 버츄 카드를 활용한 토론 방법을 알아보겠습니다.

토론을 시작하기 전에 토론자들이 간단히 자기를 소개하는 시간이 있습니다. 그런데 대부분의 학생들이 자신의 학교와 이름, 그리고 공식화된 소감 한마디를 덧붙이고 끝내 버리기 때문에 분위기가 다소 어색하고 건조해집니다.

자, 그럼 이제 분위기를 바꿔 볼까요?

1) 버츄 카드 뽑기

먼저 토론 사회자가 자기소개 시간을 갖겠다고 알립니다. 그리고 버츄 카드 한 세트를 열어 미덕의 이름을 가린 채 토론자들에게 카드를 한 장씩 뽑게 합니다.

2) 버츄 카드를 보고 자기소개 준비하기

사회자는 각자가 뽑은 카드의 앞면과 뒷면을 천천히 읽게 합니다. 그리고 저마다 떠오른 생각이나 느낌을 더해 자기소개를 할 준비를 해 달라고 부탁합니다. 학생들에게 1~2분 정도 읽는 시간을 주고, 그 사이에 사회자도 카드 한 장을 뽑아 읽어 봅니다.

3) 자기소개하기

모두가 준비되면 자기소개를 시작합니다. 먼저 사회자가 자기소개를 하면서 시범을 보입니다. 그리고 순서에 따라 사회자의 오른쪽이나 왼쪽 사람부터 차례차례 자기를 소개합니다. 예를 들면 이런 식입니다.

"안녕하세요. 저는 ○○ 중학교 김○○ 입니다. 제가 뽑은 카드는 '용기'인데요, 오늘 저에게 꼭 필요한 미덕인 것 같습니다. 이 자리가 굉장히 떨리고 또 많이 긴장이 되는데요, 두렵더라고 당당함을 잃지 말라는 말을 보니까 마음속에 용기가 조금씩 차오르는 것 같습니다. 잘하든 못하든 오늘 끝까지 최선을 다하겠습니다."

한 사람 한 사람 자기소개가 끝날 때마다 큰 박수를 보내 줍니다. 어때요? 토론을 시작하는 분위기가 한층 더 촉촉해지겠죠?

버츄 카드를 활용한 피라미드 토론

가. 협의를 통한 피라미드 토론

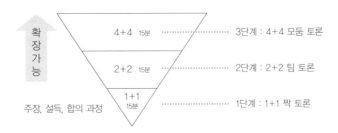

기본은 위와 같은 짝과 모둠 토론으로 진행하고요, 위의 그림처럼

3단계를 마치면, 인원에 따라 4단계는 팀별 토너먼트로 진행하고, 5단계는 최종 대표 토론으로 발전시켜 나갈 수도 있습니다.

피라미드 토론은 '의사 결정 토론 모형'이라고도 합니다. 한 논제에 대한 전체 성원들의 의견을 단계적으로 줄여 나가서 최종적으로 하나의 의견을 도출해 내는 방식이죠. 1단계부터 최종 토론까지 모두 진행할 수도 있고, 수업 중에는 간단하게 1단계 '짝 토론'만, 또는 2단계 '팀 토론'까지만 진행하고 발표 수업으로 마무리할 수도 있습니다.

우선 네 명 또는 여섯 명을 한 모둠으로 구성합니다. 모둠별로 버츄 카드를 한 세트씩 나눠 주고 책상에 모두 펼치게 합니다. 그리고 이어서 주제를 제시합니다. 예를 들면, '훌륭한 토론자가 되기 위해 필요한 미덕 세 가지'를 뽑기로 하겠습니다. 그러면 저마다 훌륭한 토론자가 되기 위해 필요한 미덕을 세 가지씩 뽑습니다. 다 뽑았으면 나머지 카드는 모아서 한쪽으로 치워 놓습니다.

그럼 이제, 함께 토론할 짝꿍을 정하고 짝 토론을 시작합니다. 두 사람이 가지고 있는 여섯 장의 카드 중에서 세 장을 선택하는데, 서로 설명을 하며 협의를 통해 세 장을 결정하면 됩니다. 제한 시간은 5분 이내로 주고, 1분 전에 남은 시간을 알려 줍니다.

짝 토론이 끝나면 두 사람이 이제 한 팀이 됩니다. 그래서 다른 팀과 함께 다시 2대 2 팀 토론을 5분간 실시합니다. 방식은 역시 두 팀이 가지고 있는 여섯 장의 카드 중에서 협의를 통해 세 장의 카드를 결정하면 됩니다. 마찬가지로 1분 전에 남은 시간을 알려 줍니다. 이때 여섯 명이 한 모둠인 경우는 세 팀이 아홉 장의 카드를 가지고 시작하게 됩니다. 그런데 협의를 통해 세 장의 카드를 선택하게 하면 팀에서는 어떻게 할까요? 팀마다 한 장씩 카드를 뽑아서 내놓고는 간단히 토론을 끝내 버리겠지요? 그러면 이것은 토론이라기보다는 기계적인 협상이나 절충이 되어 버리기 쉽습니다. 따라서 카드는 반드시 '토론팀+1'을 뽑게 해야 합니다. 그러니까 토론 팀이 세 팀이면 카드는 네 장을 뽑아야 하는 거죠.

이어서 모둠별 토너먼트로 계속 진행해 가도 되고, 각 미덕을 자신의 삶 속에서 구체적으로 어떻게 실천할 수 있을지 글쓰기로 이어 가도 좋습니다. 모둠 안에서 발표하고, 모둠별로 대표작을 뽑아서 전체 발표를 시켜도 좋을 것입니다.

나. 경쟁을 통한 피라미드 토론

협의를 통한 피라미드 토론을 잘 익혔다면 이번에는 긴장과 스릴을 조금 더해 보겠습니다. 바로 '경쟁을 통한 피라미드 토론'입니다. 모둠은 똑같이 네 명이나 여섯 명으로 구성합니다. 그리고 새로운 주제를 제시합니다. 이번에는 '행복한 삶을 위해 필요한 미덕 세 가지'를 뽑기로 하겠습니다. 그리고 학생들에게 이번에는 협의가 아닌 '경쟁 방식'으로 토론을 진행하겠다고 설명하고, 각 단계별 우승팀과 최종 토론에서 우승한 팀을 위해 커다란 상품을 준비해 두었다고 합니다. 그렇게 해서 분위기를 한층 돋우어 줍니다.

상품은 간단한 먹을거리도 좋고, 상장 용지로 만든 '최고의 토론자' 인증서도 좋겠습니다. 가능하다면 미리 공지를 하고, 최종 우승팀은 생활 기록부에 기록해 주는 것도 동기 유발에 도움이 될 수 있을 것입니다.

전체적인 진행 방법은 협상 토론 방식과 같지만 이번에는 여섯 장의 카드 중에서 세 장을 결정할 때 두 장의 카드를 올린 사람이 승자입니다. 시간을 너무 오래 끌면 안 되니까 5분 안에 결론을 내지 못하는 팀은 자동 탈락이라는 점을 주지시켜 주세요.

그럼 먼저 짝 토론을 시작합니다. 시작! 학생들의 목소리 톤과 토론에 임하는 자세에 전과는 달리 힘이 실려 있는 걸 느끼실 수 있을 것입니다. 끝나기 1분 전에는 남은 시간을 꼭 알려 줍니다. 이어서 2대 2 팀 토론도 같은 방식으로 진행합니다.

다음으로는 4대 4 모둠 대항 토너먼트가 이어지고, 최종 두 팀이 전체 학생들 앞에서 열띤 토론을 벌입니다. 우승팀이 결정되면 최종 토론자들의 소감을 듣고, 토론을 지켜본 다른 친구들의 소감도 돌아가며 한마디씩 들어 봅니다.

마지막은 역시 글쓰기로 마무리하면 좋겠지요? 토론 소감문 쓰기도 좋고, 주제와 관련하여 '더 행복한 삶을 위해 나에게 필요한 미덕 세 가지'도 좋겠습니다. 모둠별로 서로 돌려가면서 읽은 후 코멘트를 써 주게 하고, 모둠별 대표작을 뽑게 해서 전체 발표를 시켜도 좋습니다. 학생들의 열띤 토론에 이어 속마음을 함께 나누는 시간, 참 행복하겠지요?

버츄 카드가 없을 경우의 응용 방법

버츄 카드가 없으면 피라미드 토론을 할 수 없을까요? 아닙니다. 다양한 응용 방법이 준비되어 있습니다. 뒤에서 다룰 '브레인라이팅' 토론이 바로 그것입니다. 여기서는 버츄 카드와 연결해서 간단하게 소개하겠습니다.

브레인라이팅은 브레인스토밍보다 한 단계 업그레이드 된 의견 수렴 방법인데, 의견이 있어도 말로 표현하기를 주저하는 학생들의 의견도 모두 파악할 수 있는 좋은 방법입니다. 보통 브레인스토밍은 간단한 아이디어 모으기 훈련으로, 예를 들면 수건을 가지고 할 수 있는 활동이 무엇이 있는지 하나씩 말해 보게 하고, 차례대로 한 사람씩 돌아가며 발표를 하게 됩니다. 수건은 흔히 세수를 하고 얼굴을 씻는데 쓰지만, 수건돌리기, 묶기, 편지지, 눈가리개, 밑씻개 등 평소에 생각하지 못했던 기발하고 다양한 아이디어를 모아 볼 수 있는 것입니다. 브레인라이팅은 이렇게 한 사람이 한 가지 아이디어만을 풀어내는 브레인스토밍을 좀 더 체계적이고 조직적으로 발전시킨 방법입니다.

우선 모둠별로 포스트잇을 한 묶음씩 나눠 주고 각자 다섯 장씩 뜯

> **브레인스토밍** | 오스본(A. Osborn)에 의해서 개발된 집단적 사고 기법. 각자 아무런 제약 없이 아이디어를 내놓아 가장 최선책을 찾는 기법으로 창의적 능력의 개발을 위한 방법으로 활용된다. 브레인스토밍을 하기 위해서는 사회자, 기록자가 선정되어야 한다. 참가자들은 아무 제한 없이 아이디어를 표현하고, 기록자는 그것을 신속히 기록한다. 나중에 기록된 아이디어들을 재정리하여 문제를 해결하게 된다.

어 책상에 붙이게 합니다. 그리고 사인펜으로 한 장에 한 가지씩 아이디어를 적게 하면 버츄 카드에 버금가는 훌륭한 피라미드 토론 자료가 됩니다.

좀 더 질 좋은 아이디어를 얻고 싶을 때는 다양한 색깔의 색지카드(20cm×10cm)와 매직펜을 사용할 수도 있습니다. 이때 사용하는 종이는 두께와 색상에 따라서 기분을 좌우하므로 좋은 것을 준비하면 아이디어도 풍부해집니다.

실제 방법은 아래와 같습니다.

가. 포스트잇을 활용하는 방법

학생들에게 포스트잇에 아이디어를 써 내게 한 뒤, 교사가 칠판에 포스트잇을 붙이면서 분류를 합니다. 그리고 적게는 열 개, 많게는 스물여덟 개 정도까지 우선 순위가 높은 것부터 순위를 정합니다.

나. A4 용지를 활용하는 방법

A4 용지에 스물여덟 칸짜리 표를 만든 다음 한 칸에 한 가지씩 써놓고, 색지에 인쇄한 다음 잘라서 고무줄로 묶으면 가치 카드 완성! 조금 더 멋진 카드를 만들고 싶다면 적당한 크기의 폼텍 용지를 구입한 뒤, 각 단어에 알맞은 그림을 같이 넣어 인쇄해서 사용해 보세요. 두 장씩 인쇄해서 붙이면 근사한 양면 카드를 만들 수 있습니다.

버츄 카드와 피라미드 토론의 활용

　최선의 결정을 어떻게 만들어 낼까? 참가자들이 다양한 의견을 가지고 있고 정답이 하나만 있지 않은 경우, 그것을 집중적인 난상 토론의 과정을 통해 이루어 낼 수도 있지만, 이렇게 하나씩 피라미드 과정을 거쳐 가면 그 속에 있는 다양한 가치와 방법들의 의미를 고루 나눌 수 있습니다.

　"참여 없이 헌신 없다."라는 말이 있지요. 학급 규칙을 정할 때나 급훈을 정할 때, 또는 학급 행사를 할 때나 특별한 갈등이 생겼을 때 학급 회의를 열고 브레인라이팅이나 버츄 카드를 활용하여 의견을 모아 보세요. 자신의 의견이 반영된 결정이라면 자발적으로 동참할 가능성도 그만큼 높아집니다.

3

반짝이는 아이디어를 불러내고 싶다면
– 브레인라이팅 토론

선생님 철수 자요!

브레인 라이팅이란 각자의 의견을 쪽지에 적어…

뭐얏

선생님 자, 오늘은 어린 왕자에 대해서 공부를 해 보자.

한결 네, 좋아요, 「어린 왕자」를 쓴 작가에 대해서 발표하거나, 「어린 왕자」의 의미나 이 책의 주제 등에 대해서 우리 토론해요.

선생님 한결이가 「어린 왕자」를 이번에 제대로 읽어 온 모양이구나. 그런데 어쩌지? 오늘은 그렇게 심층적인 내용을 다루기보다는 좀 가볍게 접근을 해 볼까 하는데…….

한결 네? 어떻게요?

선생님 오늘은 '브레인라이팅'이란 걸 해 보려고 한단다.

한결 브레인라이팅이요? 그게 뭔데요?

선생님 자, 그럼 주제를 먼저 줄 테니 생각을 해 보렴. 우리가 「어린 왕자」를 읽었는데, 어린 왕자가 보고 싶지 않니?

한결 선생님이 저희들과 어린 왕자를 만나게 해 주시려고요?

선생님 급하기는……. 책을 읽었다는 게 이미 어린 왕자를 만난 거 아니겠니? 그게 아니라, 만약에 어린 왕자를 만나러 간다면 무엇을 가지고 가고 싶은지 우리 생각해 보자는 거야.

한결 어린 왕자를 만나러 가는데 가지고 가고 싶은 것? 그걸 왜 하죠?

선생님 음, 우리가 책을 읽고 어린 왕자에 대해서 많은 이야기를 나누어야 할 텐데, 우선은 이런 가벼운 활동을 통해서 어린 왕자에 대한 다양한 생각들을 모아 보려고 하는 거란다.

한결 아, 우리들이 무엇을 가지고 가고 싶은가에 따라서 어린 왕자를 읽은 느낌, 또 어린 왕자랑 대화를 나눌 때 할 수 있는 이야기 같은 것들이 달라지겠군요?

선생님 그래, 바로 그거란다. 자, 내가 굵은 카드 종이를 다섯 장씩 나누어 줄 테니 한번 생각나는 대로 써 보렴. 사막으로 찾아가는 거지만 사막에서 살아남기 위해서 필요한 그런 거 말고, 어린 왕자에게 선물하고 싶은 거나 아니면 같이 노는 데 필요한 것, 뭐 이런 걸로 말이야.

한결 선생님 말씀을 듣고 보니 재미있을 것 같아요. 어린 왕자를 만나러 갈 때 가져 가고 싶은 것, 뭐가 있을까?

토론과 상상력

광고 '뿌린 대로 거두리라'

몇 년 전 권위 있는 국제 광고제에서 경쟁 부분의 상을 휩쓴 유명한 광고가 있습니다.

뉴욕에 본사를 둔 한국의 광고 · 디자인 전문 회사 '빅앤트 인터내셔널'은 2009년 6월 27일(현지 시간) 뉴욕 페스티벌에서 반전(反戰) 광고인 '뿌린 대로 거두리라(What goes around comes around)'로 옥외 부문 그랑프리를 수상했지요. 이들이 그랑프리를 수상한 '뉴욕 페스티벌'은 프랑스의 '칸 광고제', 미국의 '클리오 시상식'과 함께 세계 3대 광고제로 손꼽히는 유명한 광고제입니다. 한국의 젊은이들이 이끄는 광고 회사가 세계 3대 광고제 중 하나인 '뉴욕 페스티벌'에서 당당히 그랑프리를 차지한 것입니다.

이는 상상력과 아이디어로 새로운 경지를 개척한 특별한 사례가 아닐 수 없습니다. 이런 신선한 아이디어의 바탕이 자유로운 토론과 대화라고 창작자들은 입을 모아 말합니다. 고정 관념과 권위주의로부터 탈피하여 새롭고 참신한 사고와의 적극적인 만남을 추구할 때, 토론은 그 빛을 발하고 상상력은 꽃이 핀다는 사실을 보여 주는 것입니다.

중세를 지나 근대에 들어서 이성이 힘을 발휘해 왔습니다. "아는 것이 힘"이라는 말이 이를 대표하는 명언이지요. 하지만 지금은 앎을 넘어서 상상력과 창조력이 중시되는 사회입니다. "상상하는 것이 힘"이라는 말이 이를 대표하지요. 토론은 이성에 기반한 분석력과 비판적 사고 능력을 키우는 활동이지만, 상상력과 창조성 훈련에도 많은 도움을 줍니다. 참여자들의 다양한 아이이어를 모으는 브레인라이팅이 대표적인 예입니다.

브레인라이팅 토론의 취지

수업 시간에 전체 학생을 대상으로 질문을 하면, 대답하는 속도가 빠르고 큰 소리로 말하는 학생의 의견만 선생님께 전달됩니다. 토론을 할 때도 비슷한 상황이 발생합니다. 남들보다 지식이 많고 당당한 학생들은 말을 잘 하지만 그렇지 못한 학생들은 주눅이 들어 말을 잘 못하거나 안 하는 경향이 있습니다. 성격이나 지식 혹은 자신감의 문제로 말을 못하는 학생들이 있을 때, 자연스럽게 토론에 참여시킬 수 있는 좋은 방법이 바로 '브레인라이팅(brain writing)'입니다. '브레인스토밍'처럼 자유롭게 자기 의견을 발표하되, 먼저 종이에 몇 가지를 써서 다른 사람과 자연스럽게 공유하는 토론 방법입니다.

다양하고 창의적인 아이디어를 만들어 내는 방법으로 흔히 브레인스토밍을 많이 거론하는데, 브레인스토밍이 두뇌에 바람을 일으키는 것이라면 브레인라이팅은 말 그대로 두뇌를 활성화시키는 쓰기입니다. 독일 프랑크푸르트의 한 연구소에서 개발된 이 토론 기법은 소외된 사람 없이 참가자 전원이 토론에 참여할 수 있다는 게 가장 큰 장점입니다. 물론 과정도 즐거워서 학생들과 교사 모두 좋아하지요.

우리가 아이디어를 낼 때 말로 하는 방법도 있지만, 포스트잇이나 카드를 활용해서 기록을 하다 보면, 두뇌가 더욱 활성화되어 수준 높은 생각들이 많이 나옵니다. 브레인라이팅 토론 참가자들은 의무적으로 다섯 장 안팎의 종이에 글을 적어 내야 하므로 독립적인 사고를 하게 됩니다. 그리고 이것이 자연스럽게 발표로 이어집니다. 또 포스트잇이나 카드를 활용하므로 집중력이 높아지고, 그렇게 되면 자연스럽게 참여도도 높아지지요.

우리는 추상적이고 막연한 개념을 놓고 토론을 하는 경우가 많습니다. 그러다 보면 머릿속이 복잡해져 생각의 갈피를 잡지 못하고 헤매기 쉬운데, 이렇게 핵심 단어들을 적어 놓고 보면 주요 내용을 잊지 않고 구체적인 이야기로 풀어 갈 수 있습니다.

무엇보다 여러 사람의 생각이 짧은 시간 안에 봇물처럼 터져 나오기 때문에 다양한 아이디어들이 생성됩니다. 참가자들은 자신이 생각하지 못했던 아이디어들을 보면서 놀라게 되지요.

거기에다 종이를 상위, 하위 유사 개념으로 나누어 분류하고 범주화하는 과정을 거치다 보면 논리적인 사고 훈련도 덤으로 따라옵니다. 이와 같이 한 가지 활동으로 흥미와 아이디어, 참여와 논리성 등 대여섯 가지 이상의 효과를 낼 수 있는 알차고 유익한 토론 방법이 바로 브레인라이팅 토론입니다.

브레인라이팅 토론의 방법

자, 그럼 브레인라이팅 토론의 방법을 구체적으로 알아볼까요?

브레인라이팅 토론도 구성원의 숫자에 따라 다양하게 진행할 수 있는데 가장 일반적인 방법부터 알아보겠습니다.

1) 모둠 구성하기

여섯 명 안팎의 인원으로 구성된 모둠을 편성합니다. 특정 주제에 대한 성향에 따라 모둠을 나눌 수도 있지만, 대체로 일반적이고 보편적인 주제를 다루는 경우가 많으므로 그냥 편안하게 앉은 상태에서 나눕니다.

2) 재료 나누기

참여자 전원에게 종이와 펜을 나누어 줍니다. 포스트잇을 활용할 때에는 다양한 색깔의 종이와 적절한 펜을, 백지나 색상지를 굵고 크게 자른 카드 종이를 활용할 때에는 매직펜을 나누어 줍니다. 이때 커다란 전지를 모둠별로 나누어 주어, 각자가 자기 종이에 쓴 글들을 나중에 전지에다 한꺼번에 정리할 수 있도록 합니다.

3) 주제 제시하기

활동과 관련된 주제를 제시합니다. 예를 한두 가지 들어 볼까요? 「어린 왕자」를 읽었습니다. 만약 자신이 사막에 불시착한 어린 왕자를 만나러 간다면 무엇을 가지고 가고 싶은지 다섯 가지를 적어 보라고 합니다. 여러분은 무엇을 준비하고 싶으세요? 어린 왕자에게 자기가 선물하고 싶은 음악이나 그림, 책 등을 골라갈 수도 있고, 어린 왕자와 함께 기념사진을 남기고 싶으니 사진기나 캠코더 등을 가져갈 수도 있겠지요. 가능하다면 우주 비행선을 가지고 가서 어린 왕자가 돌아다녔던 별들을 함께 여행하는 것도 좋겠지요. 이처럼 다양한 물건들이 사람마다 다르게 제시될 겁니다.

토론 주제는 학생들과 함께 공부했던 내용에서 찾을 수도 있습니다. 만약 독서 토론을 한다면 책을 읽고 마무리를 할 때 책 내용 중에서 찾을 수도 있겠고요. 혹은 그날 그 자리에 모인 사람들의 공통적인 성향이나 관심사를 고려해서 찾을 수도 있겠지요.

4) 종이에 적고 발표하기

순간순간 떠오르는 아이디어들을 각자가 종이에 바로 적습니다. 일단 양을 채우는 게 중요하므로 우열과 순서를 따지지 않고 생각나는 대로 최대한 많이 적습니다. 각자가 적은 종이들이 책상 위에 다 놓이면 그때부터 한 사람씩 자기가 적은 종이의 내용을 바탕으로 하나씩 설명을 합니다. 주제에 관련해서 자신이 그 내용을 적은 특별한 이유와 근거, 경험 등을 나누는 것입니다. 누구나 금방 이해할 만한 단순한 내용이라면 간단히 언급하고, 다른 사람이 별로 생각해 보지 못했거나 좀 독특하다고 생각되는 것, 특별한 사연이 있는 것들은 자세하게 말을 할 수 있겠지요.

5) 발표 내용 범주화하기

첫 번째 사람이 말을 하면서 자기가 적은 것을 차례로 늘어놓으면 그 가운데 유사한 범주의 것들을 같은 구역에 모아 놓습니다. 가로 세로 줄을 만들어 비슷한 유형의 생각들을 모으는 방법도 있겠지요.

한 사람이 마치면 다음 사람이 돌아가면서 마찬가지로 자기가 적은 내용에 대한 설명을 하고 자기 종이를 앞 사람이 적은 종이의 분류에 맞추어 정리합니다. 그러다가 새로운 범주나 누가 생각해도 이건 일반화된 범주 안에 들어가기 힘든 내용이다 싶을 때에는 따로 빼내어 기타 란을 만들 수도 있습니다.

6) 소제목 붙이기

전원이 자기 글에 대한 설명을 마치면 범주화된 내용을 전지에 붙일 준비를 합니다. 이때 분류된 내용을 포괄하는 상위 제목을 만들어서 분류해 놓은 종이의 가장 위에 붙입니다. 예를 들어 '건강하게 삽시다.' 가 주제였는데, 고구마, 밥, 건강식품, 신선한 야채 등이 한 곳에 모아졌다면 '먹을거리'를 공통 제목으로 붙일 수 있겠지요.

7) 전체 제목 붙이기

상위 범주를 총괄하는 전체 제목을 붙입니다. 예를 들면 상위 제목에 '먹을거리', '사람이 최고', '자연을 찾아서' 등이 나왔다면 건강 관련 주제로 전체 제목을 "9988-99세까지 88하게"라고 붙일 수 있겠지요. 전체 제목이 완성되면 종이 전체를 가지고 나와서 사회자가 준비한 전지에 붙입니다. 성격이 꼼꼼하고 질서를 잘 지키는 모둠은 반듯하게 붙이고, 자유분방한 사람들이 모인 모둠은 알록달록하게 붙일 수도 있겠지요.

8) 전시 및 발표

모둠별로 완성된 전지를 벽에 붙이면 이번에는 다른 모둠의 활동 결과를 돌아다니면서 감상합니다. 참가자들은 자기 모둠에서 나오지 못한 새로운 내용이나 표현을 보면서 고개를 끄덕일 수도 있고, 아무리 봐도 도저히 이해할 수 없는 것들을 볼 때에는 호기심이 생길 수도 있습니다. 이럴 때 브레인(뇌)에 자극이 오겠지요.

브레인라이팅으로 완성된 전지

벽에 붙이거나 전체가 볼 수 있게 하는 작업이 끝나면 모둠을 대표하는 한 사람이 나와서 자기 모둠에서 나온 내용을 설명합니다. 소제목을 중심으로 전반적인 얼개와 그 가운데 톡톡 튀는 재미난 것들을 소개해 주면 다른 사람들이 듣고 공감할 수 있습니다. 그날의 최고 아이디어에 스티커를 붙이게 하여 상품을 준다면 토론의 과정이 더 흥미진진하고 재미있어지겠지요.

브레인라이팅 토론의 사례

다음은 토론 공부를 처음 하러 오신 선생님들과 '토론을 할 때 갖추어야 할 가장 중요한 것은 무엇인가?'를 주제로 브레인라이팅 토론을 진행한 사례입니다.

5명 안팎으로 모둠을 구성한 후, 한 사람당 종이를 5장 정도 받도록 두꺼운 색지와 굵은 칼라펜을 준비했습니다. 색지의 크기는 A4 용지 4분의 1 정도로, 글씨를 크게 여섯 자 정도 쓸 수 있고, 멀리서 보았을 때도 글씨가 잘 보이는 것이 좋습니다.

선생님들께 토론 주제를 드리자, 선생님들은 받은 종이와 칼라펜을 가지고 종이 가득 큰 글씨로 글을 씁니다. 대부분의 선생님들이 '토론'에 대한 상식적인 견해를 가지고 자기 생각을 적어 냅니다. 예를 들면, 논리, 배경지식, 배짱, 치열함, 승부욕, 경청, 배려, 분석력,

입장, 문제의식, 주제, 이해, 철학, 자신감 등이지요. 선생님들 가운데는 개념적인 단어보다 비유적인 단어를 좋아하시는 분들도 계십니다. 그리고 토론 외적인 요소에서 토론을 활발하게 해 나가는 데 중요한 것들을 짚어 내시는 분들도 계시지요. 예를 들면, 막걸리, 밥, 노래, 여백, 장정(먼 길), 푸른 잎, 쫑긋, 수근거림 등과 같은, 분위기 있는 단어를 더 좋아하시는 분들도 계십니다.

한 분 당 다섯 장이나 그 이상을 쓴 후 한 분씩 전지 위에 늘어놓으면서 발표를 합니다. 저는 필력, 청력, 지구력, 분석력, 정보력, 이렇게 다섯 가지를 적었습니다. 토론은 기록을 잘해야 하고 그러려면 잘 들어야 하고, 또 토론은 오래 지속되므로 지구력이 필요하며, 정보를 확보하고 분석하는 것 또한 중요하다고 생각하기 때문입니다. 이렇게 발표를 하면서 종이를 내려놓고 글의 내용에 따라서 분류합니다.

다음 사람도 마찬가지로 진행합니다. 어떤 분은 소화제와 산기(산모의 징후), 채소와 비전, 큰 간이라고 쓰신 종이를 내려놓습니다. 토론을 하다 보면 무언가 목에 걸릴 수 있으므로 소화제가 필요하고, 무언가를 풀어내기 위한 잠재력 같은 것이 필요하므로 그 징후를 읽어 내는 힘으로 산기를 제시합니다. 토론에 앞서 분위기를 부드럽게 풀기 위해 애피타이저 격으로 채소가 필요하고, 토론을 통해서 새로운 가치와 방향을 찾아야 하므로 비전이, 그리고 간담이 약해서 토론을 잘 못하는 사람도 많으므로 자기주장을 자신 있게 내세울 수 있는 큰 간도 필요하다고 발표를 합니다. 그러면서 앞선 사람이 발표한 것과 같은 범주에 속하는 것이 어떤 것인지를 구분해서 같이 분류합니다.

이런 식으로 나머지 분들도 자신이 적은 다섯 장의 종이를 내려놓으면서 간단한 해설과 분류 작업을 합니다.

이제 선생님들께 새로운 과제를 줍니다. 하나는 여러 사람이 내놓은 방안 중에서 가장 중요한 하나를 찾아보라는 것이고, 다른 하나는 분류한 영역마다 소제목을 붙이거나 그 안에서 소제목이 될 만한 단어를 찾아보라는 것입니다. 그리고는 전체를 아우르는 큰 제목을 붙이게 합니다. 그러면 토론에서 중요한 것들을 체계적으로 분류도 해 보고 제목도 붙여 보며, 토론에서 가장 중요한 것이 무엇인지, 토론의 본질은 무엇인지, 앞으로 토론 공부를 하면서 중시해야 할 것이 무엇인지를 새겨보게 됩니다.

가장 중요한 것은 모둠별로 나와서 발표를 하는 것입니다. 전지에 늘어놓은 종이들을 테이프로 붙이고 전지를 벽에 전시합니다. 한 모둠씩 전지 앞에 나온 후, 모둠에서 정리한 내용을 대표가 발표합니다. 누구나 알 만한 내용은 굳이 설명할 필요가 없지만 '산기'나 '채소'처럼 독특한 것은 설명을 해 줍니다. 이 과정에서 분류한 내용들의 논리적 연관성을 찾아볼 수도 있습니다.

브레인라이팅 토론 시 주의 사항

브레인라이팅은 누구나 즐겁게 참여해서 여러 가지 좋은 의견을 모으고 싶을 때 쓰는 손쉬운 방법이지만 몇 가지 주의 사항이 있습니다.

❶ 브레인라이팅의 생명은 참가자 개인에게 주어진 개수의 아이디어를 반드시 적어 내게 하는 데 있습니다. 개인의 창의성과 전체가 참여하는 집단 사고를 동시에 이끌어 내는 과정이므로, 누구나 활발하게 의견을 내놓아야 모둠이나 전체 활동이 활발해집니다.

❷ 시간이 부족한 학생은 적절하게 배려해서 도움을 주거나 전체 진행 시간에 방해가 되지 않는 범위 내에서 활동을 하도록 합니다. 남은 종이가 있더라도 백지 상태로 여백에 그냥 붙여 두면 나중에라도 생각나는 대로 기록을 할 수가 있으므로 끝까지 같이 참여하게 합니다.

❸ 브레인라이팅 토론을 통해 모은 아이디어는 토론 교육의 다음 단계로 넘어가는 데 활용합니다. 예를 들어 브레인라이팅 다음 단계가 모서리 토론이면 분류한 내용에 따라서 서너 개의 모서리를 구성하여 토론을 진행할 수 있습니다. 또한 마인드맵이면 브레인라이팅 토론을 한 전지를 옆에 놓고 그 안에 쓰인 아이디어를 차례로 지워 가며 마인드맵을 완성할 수 있습니다.

이와 같이 브레인라이팅은 가벼운 토론 과정이면서 다른 토론의 밑돌이 되는 기초적인 토론입니다. 즉 참가자 전원이 가볍고 즐겁게 참여하는 토론이면서도 새로운 방향과 깊이 있는 내용의 토론으로 나아가기 위한 징검다리 역할을 하는 것이지요.

브레인라이팅 토론의 활용

 학급 회의를 열었는데, 말을 하는 학생과 듣기만 하는 학생이 둘로 갈라질 때 참 속상합니다. 자기 의견을 가지고 있으면서도 그걸 자신감 있게 말하지 못하는 학생을 보면 도와주고 싶은데 딱히 방법이 떠오르지 않지요. 브레인라이팅은 그런 상황에서 매우 유용합니다. 본격 토론에 앞서 주제에 대한 다양한 의견을 나누면서 그 의견을 종합할 필요가 있을 때도 사용하기 좋은 방법이지요.

 의견은 있지만 표현이 안 된다! 그때 브레인라이팅을 적극 활용해 보세요.

4 여백의 공간을 활용하라
– 수첩 활용 토론

준서 　너, 지금 뭘 접는 거니? 종이접기 하는 거야?

희수 　뭔가 신기해 보이지 않니? 따라해 볼래?

준서 　뭐 대단한 건 아니잖아. 단순해 보이기도 하고.

희수 　A4 종이 한 장으로 수첩을 만드는 거야.

준서 　수첩이라고? 그게 뭔데? 이번 시간에 제대로 된 토론을 한다고

　　　했는데 갑자기 수첩은 왜?

희수 　너 입론서 써 왔니?

준서 　아차! 입론서 숙제가 있었지. 깜빡 했네. 그거 어디에다 쓰지? 큰

　　　일 났다.

희수 　이럴 때 당황하지 말고, 나처럼 이런 수첩을 만들어 봐.

준서 　그게 뭐 입론서를 대신 써 주기라도 하니?

희수 　너 입론서를 완성하려면 그 전에 어떤 것을 먼저 써야 하는지는

　　　알지?

준서 　그래, 토론 개요서 아냐? 그 정도는 나도 안다. 뭐 그런 당연한

　　　걸 물어보고 그래.

희수 　맞아. 그런데 너 토론 개요서라도 쓴 거야?

준서 　못 썼어. 아, 이거 정말 큰일이네.

희수 　으이그, 내가 그럴 줄 알았다. 그래서 내가 이 수첩을 만드는 거

　　　라고.

준서 　이 수첩이 있으면 개요서나 입론서를 쉽게 작성할 수 있다는 거야?

희수 　꼭 그런 건 아니지만, 여기에다 차근차근 적어나가면 개요서나

입론서 양식이 없어도 토론 준비를 잘 할 수 있어.

준서 정말? 그런 방법이 있었구나. 어떻게 접는 건지 나에게 자세히 좀 알려 줄래?

희수 자, 종이 한 장을 줄 테니까 따라 해 봐. 이 종이 한 장만 있으면 문제없다니까.

수첩 활용 토론의 취지

처음 토론을 하는 사람들에게 도구는 막강한 무기가 됩니다. 아무 것도 없는 막막한 상태에서 말을 시작하기는 어렵습니다. 하지만 말하는 데 참고할 것이 있거나 글을 쓸 수 있는 종이라도 앞에 놓여 있다면 말하기가 훨씬 수월할 것입니다. 이럴 때에 사용할 수 있는 적절한 도구가 없을까요? 토론을 잘할 수 있게 도와주는 도구는 여러 종류가 있는데, 그중 가장 손쉽고 간편하면서도 누구나 편하게 활용할 수 있는 것이 바로 백지 한 장으로 만드는 수첩입니다. 수첩을 활용하면 주제에 창의적이고 심층적으로 접근하여 자신의 의견을 보다 효과적으로 말할 수 있습니다.

수첩 활용 토론의 방법

영화 「프리덤 라이터스(freedom writers)」는 토론을 다룬 영화는 아니지만 여러모로 감동을 주는 영화입니다. 이 영화의 주인공 그루웰은 폭력에 노출된 아이들의 고통을 이해하며 그들을 점차 변화시켜 나가는 선생님입니다. 이 영화에서 주인공이 쓰기, 말하기, 읽기의 삼박자 교육을 적절히 활용하는 모습은 우리의 눈길을 끕니다. 특히 아이들과 소통을 하지 못해 어려워하던 주인공이 아이들의 마음을 열게 하고 본격적인 글쓰기를 시키는 장면은 무척 인상적으로 다가옵니다. 영화 속으로 들어가 그 모습을 자세히 살펴봅시다.

(그루웰, 책상과 의자를 다 치우고 교실 한 가운데 붉은 색 테이프로 긴 줄을 긋는다.)

그루웰 │ 자, 게임을 해 보자. 아마 재미있을 거야. 의자에는 앉지 말고. 책을 읽을 필요 없이 게임만 하면 돼. 종이 칠 때까지 여기 있기만 하면 되는 거지. 이건 '라인 게임'이라고 하는 거야. 자 질문을 하나 할게. 만약 질문에 관심이 있거나 그 질문에 동의하면 선 가까이 와서 서도록 해. 그리고 다음 질문을 위해 다시 한 발 물러나는 거야. 쉽지?

(학생들, 반신반의하면서도 흥미를 보인다.)

학생들 │ 일단 한 번 해 봐요.

그루웰 │ 첫 번째 질문이야. '스눕 독(Snoop dogg, 미국의 랩퍼이자 영화배우)'을 얼마나 알고 있지?

(학생들, 우르르 몰려나와 줄 앞에 섰다가 다시 돌아간다.)

그루웰 │ 좋아, 물러서. 다음 질문. 너희는 '보이 앤 후드(boy'n hood)'를 몇 번이나 봤지?

(학생들, 인기 있는 힙합 앨범이라 역시 대부분이 앞으로 나왔다가 뒤로 물러난다.)

그루웰 │ 좋아, 다음 질문. 본인이 계획성 있게 산다고 생각하는 사람은 몇이나 되니?

(학생들, 이번에는 아까보다 더 미적거리며 천천히 앞으로 걸어 나온다.)

그루웰 │ 너희들은 서로를 얼마나 알고 있니? 고아원이나 감옥에 있었던 사람들 말이야. 고아원 나온 사람은 얼마나 되니? 얼마를 있었건, 감옥도 포함해서 말이야.

(그 중에 한 학생이 난감하다는 듯이 천천히 걸어 나온다.)

학생 | 난민캠프도 포함이에요?

그루웰 | 그건 너 스스로 결정해. 자, 지금 당장 마약을 얻을 수 있는 곳을 아는
사람?

(한동안 앞으로 나오지 않고 구석에 기대어 서 있던 유일한 백인 학생이 혼
자 슬금슬금 걸어 나온다. 그리고 역시 대부분의 아이들이 가운데 선 있는
곳으로 걸어 나온다.)

그루웰 | 갱단에 있는 사람과 친분이 있는 사람?

(대부분의 아이들이 나온다)

그루웰 | 이 중에 갱단에 가입한 사람은?

(교실에는 정적이 흐른다. 학생들은 별걸 다 묻는다는 태도로 힐끗 본다. 여
기저기서 야유 소리가 들려온다.)

그루웰 | 음, 멍청한 질문이었어. 그렇지?

학생들 | (당연하다는 듯이) 그럼요.

그루웰 | 학생들은 갱단에 가입하는 게 불가능하니까 말이야. 미안해. 사과할게.
자, 그럼 이제 조금 더 심각한 질문으로 들어가 보자. 폭력으로 인해서 친구
를 잃어 본 사람, 가까이 서 봐.

(학생들, 말이 없다. 천천히 그러나 역시 대다수의 아이들이 가운데로 걸어
나온다.)

그루웰 | 한 명보다 많이 잃은 사람만 남아 봐.

(학생들 중 몇 명이 뒤로 물러난다)

그루웰 | 세 명 이상!

(역시 몇 명이 더 물러난다.)

그루웰 | 네 명보다 많이!

(소수의 학생들만 줄 앞에 남아 있다.)

그루웰 | 좋아, 그럼 지금 그 친구들에게 안부를 전해 보자. 그냥 이름만 말하
면 돼.

(학생들, 그대로 줄 앞에 서서 죽어 간 친구들의 이름들을 나지막하게 읊조

린다. 묘한 분위기가 형성되고 학생들은 마음의 평화를 얻어 가는 분위기이다.)

그루웰 │ 대단히 고맙다. 자, 너희에게 준비한 게 있어. 누구나 각자의 사연이 있겠지. 자신에게라도 각자의 이야기를 하는 건 참 중요한 일이야. 그래서 이제부터 이 일지에다 매일매일 쓰는 거야. 원하는 건 뭐든지 써도 돼. 과거, 현재, 미래의 일 아무거나 쓰는 거야. 그냥 일기처럼 쓰는 거지. 노래, 시, 나쁜 거 뭐든지 말이야. 대신 꼭 매일 써야 해. 펜을 가까이 두고 영감이 떠오를 때마다 써. 이건 성적에 들어가는 것도 아니야. 너희들이 쓴 진실한 글에 어떻게 A나 B를 줄 수 있겠어? 너희가 허락하지 않는 한 읽어 보지 않을 거야. 매일 쓰는지 확인하기 위해서 제목 써 놓은 것 정도는 읽을 필요가 있겠지. 만약 내가 읽기를 원한다면, 여기 캐비닛에 일기를 두면 돼. 매 수업이 끝날 때마다 이 캐비닛은 잠글 거야. 알았지?

수업 시간에 '라인 게임'이라는 것을 하는 장면입니다. 아이들이 지닌 과거의 상처를 지우고 새 삶을 열어가기 위한 초석을 다지는 모습이 감동적으로 다가옵니다. 비록 토론은 아니지만 그루웰 선생님은 아이들을 앞으로 걸어 움직이게 해서 진실한 마음을 드러내게 합니다. 이 학생들 가운데에는 패거리에 얽혀 싸움을 벌이는 아이들도 있습니다. 그루웰 선생님은 학생들에게 갱들의 총에 맞아 죽은 친구의 이름을 불러 보게 합니다. 무슨 의미일까요? 죽음이 살아남은 자들을 얼마나 슬프게 하는가를 느끼게 하면서 산 자로서의 예의를 다하고 과거의 상처를 치유하는 이 대목에서는 가슴이 뭉클해집니다.

만약 이 선생님이 던진 질문들을 토론에 활용하면 어떨까요? 질문은 매우 가벼운 수준에서 시작하여 점점 묵직한 주제로 나아갑니다. 처음에는 학생들의 일상적인 삶에 대한 질문을 던져서 학생들로 하여

금 가볍게 몸을 움직이게 합니다. 물론 토론이 아니기 때문에 앞으로 나온 학생들의 의견은 듣지 않습니다. 하지만 이들은 말하지 않아도 자신들의 삶이 어떠한지 알고 있습니다. 결국 갱단과 총격 사건의 희생으로까지 이어지면서 질문은 심화되고 마침내 아이들은 자신들의 삶을 직시합니다. 어찌 보면 백 마디 토론보다 더 의미 있는 침묵의 대화를 나눈 셈입니다.

만약 그루웰 선생님이 게임을 하지 않고 교탁 앞에 서서 '나는 너희를 이해한다.', '글쓰기로 삶을 바꿔 보자.'라고 설교를 했다면 학생들의 마음을 움직이기 힘들었을 겁니다. 그루웰은 먼저 학생들을 '몸'으로 움직이게 하고, 질문에 '귀'를 기울이게 하였으며, '발'을 움직여 입장을 드러내게 했습니다. 그리고 마지막으로 '입'을 열어 평소 자기가 생각하지 못했던, 생각을 해도 겉으로 드러낼 수 없었던 '말'을 하게 만들었습니다.

토론 연수에서 가장 많이 받는 질문 가운데 하나가 '평소 수업 시간에 어떻게 하면 학생들의 입을 열게 만들까.'하는 것입니다. 그것도 '모든 학생들'이 자연스럽게 '참여'하면서 말이지요. 이때 가장 좋은 방법은 도구를 사용하는 것입니다. 그루웰 선생님은 줄을 활용했습니다.

명패, 신호등 카드, 가치 성장 카드, 광고지 등 무엇이든지 학생들에게 자신의 입장을 선택하고 의견을 드러낼 수 있도록 하는 도구를 제시해 주면, 토론은 훨씬 부드럽게 이어져 나갑니다.

이번에는 백지 한 장으로 8쪽 수첩을 만들어 토론에 활용하는 '수첩 활용 토론'을 소개하겠습니다.

지난 봄, 또물또 세종 연구소 김슬옹 교수님께서 토론 공부의 마당을 열었습니다. 참가자는 열 명 남짓, 먼저 원탁식으로 돌아가면서 자기소개를 하고, 주제 하나를 잡아서 본격적인 토론에 들어갔습니다. 토론은 흔히 세다(CEDA)라고 불리는 교차 조사식 토론이었는데, A4 종이 한 장을 활용하여 8쪽 짜리 수첩을 만들면서 토론을 준비하는 작업이 참신하고 즐거웠습니다. 이 수첩을 만들기 위해서는 먼저 하얀 종이 한 장을 가로로 반을 접은 후 세로로 반을 접고, 또다시 가로로 반을 접습니다. 종이를 펴면 (가)와 같이 종이가 8등분되어 나타납니다. 실제 선을 긋지 않았지만 내부의 점선으로 된 부분은 접었다 펴진 부분입니다. 접은 부분은 안쪽이든 바깥쪽이든 상관없으니 크게 신경 쓰지 않아도 좋습니다. 그다음에는 종이를 가로로 반만 접은 상태에서 세로 방향으로 가운데 절반을 오리거나 곱게 찢습니다. 그러면 펼쳤을 때, 종이의 가운데 부분이 일직선 형태로 오려진 상태가 되는데 (나)가 그 상태입니다. 가운데 수직으로 된 이중 실선 부분이 오려진 부분입니다.

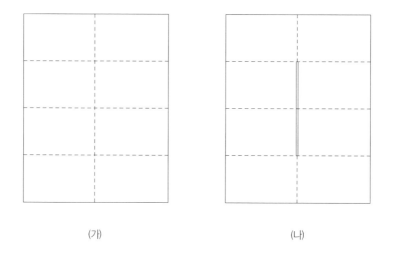

(가)   (나)

(다)는 (나)의 8면 각각을 A부터 H까지 지정한 것입니다. 먼저 C, D와 E, F 부분을 양손으로 모아 쥐어 수직으로 세운 뒤에 C, E를 왼손으로 잡고 D, F를 오른손으로 잡아서 중간 이중 실선 부분이 하늘로 오고 C, E와 D, F의 양면이 아래로 가 서로 마주 보도록 다시 세웁니다. 그 상태에서 종이를 옆으로 접으면 A~H의 글씨가 써 있는 면들은 글을 쓸 수 있는 면들이 됩니다. 가운데 오려진 부분은 사각형 형태로 빈 공간이 생기게 되지요. 반대 부분은 공책의 내부가 되어 글을 쓸 수 없는 부분이 됩니다. 이것을 옆으로 접어서 수첩으로 만들면 (라)와 같은 순서대로 수첩의 쪽수가 됩니다. 즉 B부터 시계 반대 방향으로 돌아가면서 수첩의 쪽수가 만들어지는 셈입니다. 물론 수첩은 다음과 같이 평면으로 펴진 상태가 아니라 사진처럼 입체로 세워진 상태입니다.

A	B
C	D
E	F
G	H

(다)

2쪽	1쪽
3쪽	8쪽
4쪽	7쪽
5쪽	6쪽

(라)

이제 수첩을 활용하여 토론을 위한 준비 작업을 합니다. 이날 토론의 주제는 '(이솝 우화에 나오는) 박쥐의 처세'입니다. 길짐승 앞에서는 길짐승인 양, 날짐승 앞에서는 날짐승인 양 하는 박쥐의 처세에 대한 긍정과 비판에 대한 내용입니다.

과제가 주어졌습니다. 주어진 과제는 수첩의 1쪽에는 책 표지를, 2쪽에는 박쥐의 처세가 슬기롭다는 근거 4가지를, 3쪽에는 슬기로움의 근거에 대한 반박 질문을, 4쪽에는 박쥐 처세의 문제점을, 5쪽에는 박쥐 처세의 문제점에 대한 반박 질문을, 6쪽에는 긍정 입론(3문단)을, 7쪽에는 부정 입론(3문단)을, 8쪽에는 이야기식 토론의 발문법을 활용한 발문 12가지를 만들어 정리하는 것이었습니다. 30분 정도에 하기에는 좀 무리다 싶고, 한 시간 정도면 어느 정도 정리가 가능할 듯 싶었습니다. 아래 사진은 이 내용을 정리하여 만들었던 수첩입니다.

이 내용을 좀 더 자세히 들여다보겠습니다.

1쪽의 표지에 토론의 제목과 날짜, 장소 등을 기재한 후, 2쪽에는 다음과 같이 박쥐가 슬기롭다는 근거를 적습니다.

❶ 길짐승을 싫어하는 대상, 날짐승을 싫어하는 대상 각각의 정체성과 입장 즉 상대의 분노와 욕구를 명확하게 읽어내고 대응했다.

❷ 자기 변용(變容) 능력이 뛰어나다. 상황에 따라 쥐와 새의 정체성을 오갈 수 있는 다중성의 역량이 돋보였다.

❸ 약자로서 어려운 상황에서 강자의 논리를 수용하는 자세를 보였다.

❹ 상대의 감정을 움직이는 힘이 있다. 논리도 중요하지만 간청과 애걸의 전략을 발휘한 점이 돋보였다.

이어 3쪽에 이에 대한 반박 질문을 적습니다.

❶-1 상대의 말이 나의 진심을 떠보기 위한 거라면 바로 죽음이 아닐지?

❷-1 쥐인지 새인지 실제 능력을 보이라고 하고 그와 반대의 행동도 할 수 있는지 물어본다면?

❸-1 살기 위해 비겁하게 강자의 논리에 편승하는 태도는 옳은 것인가? 생명은 꼭 소중한가? 거짓말에 의한 무의미한 삶보다는 정직한 죽음이 더 의미 있지 않은가?

❹-1 감정에 호소하는 방법은 논리성이 너무 부족하지 않은가? 상대방이 논리적인 반박이나 제안을 했다면 어떻게 할 것인가?

대체로 박쥐가 한 행동의 슬기로움의 근거가 논리성이 빈약하다는 점을 들었는데, 실제 토론에서는 박쥐의 근본적 성찰과 변화가 없다면 위기는 계속 다가온다는 논점이 우세합니다.

4쪽, 박쥐 처세의 문제점을 짚어 봅니다.

❶ 자아 정체성을 상실했다. 살기 위해 비겁과 혼돈의 상황을 반복한다.

❷ 거짓말로 위기를 모면했다. 타성에 젖은 반복된 거짓말은 또 다른 위기와 거짓말의 반복을 부른다.

❸ 계속해서 위험에 처하는 습관의 반복이 다른 위기를 부른다.

❹ 자기를 잡으려는 족제비의 논리와 성향에 대한 토론, 변혁 없이 무조건 포기하고 순응하는 태도는 너무 비겁하고 나약하다.

5쪽은 다시 처세의 문제점 지적에 대한 반박 질문입니다.

❶-1 세상 만물, 고정 불변의 정체성이란 존재하는가? 만물은 생생지위역(生生之謂易)이라 했다. 필요에 따른 임기응변은 칭찬 받아 마땅하지 않은가?

❷-1 선의나 보람, 생명을 위한 거짓말은 새로운 지혜다. 언어란 용법이라고 비트겐슈타인도 말하지 않았는가.

❸-1 두 번 정도를 가지고 타성이라 하는 것은 지나치게 성급한 일반화의 오류 아닌가?

❹-1 족제비의 지능이 높지 않고 논리가 차원이 낮다면 굳이 논리적 설득이나 반박이 필요할까? 단순한 감정의 산물이라면?

6쪽부터는 근거와 반박 질문을 토대로 입론서를 작성합니다. 3개 이상의 문단으로 작성을 해야 한다는 조건이 있습니다.

[긍정 입론] 울리히 벡이 말했듯이 현대 사회는 생존이 위협받고 위기가 일상화된 위험 사회입니다.

논제에 등장하는 박쥐는 새와 쥐의 속성을 두루 갖춘 융합적 존재로서 죽음의 위기를 맞을 때마다 상대의 의중을 정확히 읽고 상대를 존중하는 기지를 발휘했습니다. 박두진의 '해'라는 시는 '사슴을 만나면 사슴과 어울려 놀고 칡범을 만나면 칡범과 노는' 이상향의 세계를 그리고 있습니다.

생명을 지닌 모든 존재의 최고 가치는 죽임이 아닌 살림 즉 '생명'입니다. 생성과 변화와 탈주의 시대에 다중의 정체성은 신자유주의적 위험 사회를 살아나가는 민중의 지혜입니다.

7쪽에 부정 입론서를 작성합니다. 역시 3개 이상의 문단으로 씁니다.

[부정 입론] 모든 존재의 마지막은 사라짐, 곧 죽음입니다. 존재는 죽음 앞에서 자기 삶이 진짜인지 아닌지를 드러내지요. 죽음이야말로 진짜 삶이라는 것을 동서양의 고전과 성인들이 삶으로 증명합니다.

박쥐는 죽음 앞에서 비굴했습니다. 간청과 애원을 하며 살기 위해 자신을 배반하면서 말입니다. 비겁함을 보이는 약자의 변명으로 일관하면서 부끄러운 모습을 보였습니다.

우리는 역사 속에서 최명길보다는 김상헌을, 이승만보다는 김구를, 변절한 민중 운동가보다는 열사 전태일을 더 오래 기리고 존경합니다. 살아서 죽는 삶보다 당당히 죽어서 영원히 사는 게 진짜 삶입니다.

8쪽에는 마지막으로 이야기식 토론의 발문법을 활용하여 만든 발문을 정리합니다.

가. 배경지식과 관련한 발문

❶ 박쥐하면 생각나는 말은 무엇입니까? (번개 토론 활용)

❷ 박쥐와 족제비의 생물학적 분류는 어떻게 됩니까?

❸ 본인은 심각한 위험에 처해 본 적이 있습니까?

❹ 양자택일의 상황에 놓인 경우 심정이 어떠합니까?

나. 텍스트 내용 질문

❶ 박쥐가 족제비 앞에서 이름과 정체성을 바꾼 이유는 무엇입니까?

❷ 박쥐의 행위는 정당합니까?

❸ 박쥐는 자신을 부정하지 말았어야 할까요?

❹ 박쥐의 행동에 대한 본인의 의견을 말해 주세요.

다. 텍스트와 관련한 인간 삶이나 사회 문제 관련 질문

❶ 본인이 박쥐라면 어떤 행동을 취했을까요?

❷ 박쥐와 유사한 인물을 역사 속에서 찾아 보세요.

❸ 인간의 사회적, 정치적 변신은 비난받아야 할까요?

❹ 박쥐처럼 살아갔을 때 힘든 점을 말해 주세요.

이렇게 A4 종이 한 장을 활용해서 본격적인 대립 토론을 할 수 있는 준비 환경을 조성합니다. 물론 이런 발문과 입론을 준비할 수 있는 자료와 스마트폰 등이 있으면 훨씬 더 깊고 풍부한 생각들을 만들어 낼 수 있겠지요.

드라마 「성균관 스캔들」의 정약용은 논어 수업 첫 시간에 요강 단지를 들고 갔습니다. 영화 「죽은 시인의 사회」에서 키팅 선생은 책상 위에 올라섭니다. 너무 당연한 이야기지만 활기찬 수업은 도구의 활용에서 시작합니다.

토론을 시작하기가 두려우신가요? 그렇다면 언제든지 도구를 생각하고, 도구를 활용하세요. 어려운 토론의 시작을 손쉽게 열어 주는 최상의 길잡이는 각종 카드와 종이, 신문, 잡지에 이르는 다양한 도구들입니다.

영화 「프리덤 라이터스(freedom writers)」의 후반부에는 또 다른 감동적인 장면이 연출됩니다.

그루웰 │ 너희들은 앞으로 나와서 이 가방 중 하나를 가져 가. 여긴 각각 네 권의 책이 들어 있어. 우리가 이번 학기 내내 읽을 책들이야. 이건 아주 특별한 책이야. 이 책들은 나를 생각나게 할 거야. 그리고 너희들도. 이 책을 가져가기 전에 이 거품 가득한 사이다를 들고 축배를 들자. 이 축배는 변화의 축배야. '넌 못 해.'라고 말하던 목소리들을 잠재운다는 뜻이지. 이건 절대로 변하지도 사라지지도 않을 거야. 이전의 너희들은 이제 없어. 이제는 새로운 시작이야.

(학생들이 한 명씩 나와 축배를 들며 변화를 약속한다.)

학생 1 │ 아무도 아이들 말은 듣지 않아. 그들은 우리가 매일 싸웠던 그 전쟁을 보지 못해. 어느 날 나의 전쟁은 끝났어. 그리고 죽지도 않을 거야. 그리고 누구에게라도 학대를 당하는 것을 참지 않을 거야. 난 이제 강해.

학생 2 │ 내가 갱단에 들어갔을 때 엄마는 나를 내쫓았지. 하지만 난 지금 내가 졸업하는 것을 엄마가 보기를 원해. 난 이제 18살이 되고 싶어.

한 사람 한 사람 나와서 자신의 새로운 삶을 향한 결단의 언어를 창조합니다. 이제 이 아이들은 더 이상 과거에 발목 잡힌 노예의 삶을 살지 않겠지요. 그냥 혼자 마음속으로 다짐하는 것과 잔을 들고 여러 사람 앞에서 공언하는 것, 어떤 것이 교육적 효과가 크겠습니까.

도구의 효과는 이렇게 큽니다. 몸을 움직이고 생각을 바꾸고 자기를 변화시키는 힘, 여러 가지 토론 도구에서 찾아보시기 바랍니다.

수첩 활용 토론의 주의 사항

앞에서 살펴 본 토론 수첩이 토론의 방법 그 자체를 제시하는 것은 아닙니다. 하지만 당장 토론에 어려움을 느끼는 사람들이 수첩을 활용하면 사전에 토론의 개요서나 입론서를 쓰는 강력한 효과를 얻을 수 있습니다. 어떠한 형식과 주제가 주어졌다 하더라도 그 형식과 주제에 맞추어 토론 준비를 해 나간다면 막강한 토론 실력을 갖춘 토론자로 성장할 수 있습니다. 그렇다면 토론에서 수첩을 활용할 때에는 어떤 점을 주의해야 할까요?

❶ 한 권의 책을 만든다는 창조적인 마음가짐으로 임해야 합니다. 사람들은 종이를 접고 만드는 데 무척이나 흥미를 느낍니다. 이 활동은 본격적인 논리 활동이라기보다 준비 활동이므로, 즐겁고 신나는 마음으로 참여하도록 합니다.

❷ 준비 과정에서 옆 사람들과 활발한 대화를 나누도록 합니다. 본격적인 토론에 앞서 자기 생각을 정리하는 활동이기 때문에 혼자서 차분하게 준비하는 것보다는 여럿이서 공동으로 작업을 하는 것이 훨씬 효과적입니다.

❸ 주제나 형식에 따른 구성을 미리 고민합니다. 수첩은 개요서, 입론서의 형식을 취하고 있기 때문에 모든 페이지를 미리 고정적으로 정해 놓을 필요는 없습니다. 실제로 진행할 토론의 주제나 형식에 맞추어 유연하게 준비하는 것이 좋습니다.

❹ 완성된 수첩을 입론서로 활용하되, 만약 모든 면을 채워두지 않았다면 수첩의 여백을 토론 기록장으로 활용할 수도 있습니다. 토론을 준비한다고 해서 8면을 모두 미리 채울 필요는 없습니다.

5

날카로운 질문을 살린다

- 세다 토론

세다 (CEDA) 토론

톨슨 복지는 살아남기 위해 일을 한다는 강력한 동기를 인간에게서 앗아가지. 그리고 그 나약함은 가난에 대한 의지이지. 그걸 어떻게 반박할 텐가? 'e'가 추가된 북(Booke) 양.

북 저는 그렇지 않다고 말하겠어요. 대부분의 새로운 기회는 어쨌든 아이들과 장애인 그리고 노인들에게 돌아가죠.

톨슨 그게 사실인가, 추측인가?

북 사실이에요.

톨슨 분명히 말하게.

북 그건 사실이에요.

톨슨 출처가 뭐지?

북 대통령이요.

톨슨 미국 대통령?

북 네.

톨슨 그게 자네의 첫 번째 출처인가? 루즈벨트 대통령과 개인적으로 얘기를 나눈 적 있나?

북 물론 아니죠. 개인적으로 얘기 나누지 않았어요. 하지만 '대통령 주례 방송'에서 들었어요.

톨슨 아, 라디오 방송?

북 네.

톨슨 다른 출처는? 다른 출처는 있나?

북 (당황한 표정으로 좀 더듬거리며) 네, 다른 출처가 있어요. 아이들을 먹이지 못했을 때 엄마의 눈을 보는 것처럼요. 복지가 없다면 사람들은 굶주릴 거예요, 톨슨 교수님.

톨슨 누가 굶주리지, 북 양?

북 실업자들이 굶주리죠.

톨슨 (뒤에 앉은 버지스라는 학생을 가리키며) 여기 버지스 군은 분명히 실업자인데 굶주리지 않던데. (여기저기서 킥킥거리며 웃음을 참는 소리가 들린다.) 내가 자네를 대충 묘사해 보지, 북 양. 자네는 잘못된 전제를 제시했고, 그래서 자네의 삼단 논법이 흐트러졌네.

북 삼단 논법이요?

톨슨 자네의 논리는 흐트러졌어. 대전제, 실업자는 굶주린다. 소전제, 버지스 군은 실업자다. 결론, 버지스 군은 굶주린다. 자네의 대전제는 잘못된 추측에 근거를 두고 있지. 전통적인 오류지.

－「그레이트 디베이터스」 중에서

질문이 돋보이는 토론

앞에서 소개한 내용은 영화 「그레이트 디베이터스」의 한 장면입니다. 와일리 대학 토론 팀의 대표를 뽑는 오디션 자리. 토론은 '피가 튀는 경기'라고 강조하는 톨슨 교수가 학생들에게 주제를 던져 줍니다. 그리고 각자 찬성과 반대의 입장에서 토론하도록 주문하지요. 기존 멤버였던 한 학생은 당연히 올해도 뽑히는 줄 알고 왔다가 물만 먹고 갑니다. 준비를 제대로 못한 탓이죠. 다음으로 이 대학 최초의 여성 토론자 사만다 북이라는 학생이 나옵니다. 그녀의 이름은 책을 뜻하는 '북(Book)'에 알파벳 'e'가 덧붙은 '북(Booke)'. 특이한 이름의 학생이지요.

톨슨 교수가 던진 논제는 '복지는 힘든 일을 단념하게 한다.'입니다. 그는 복지의 문제점을 이렇게 정리한 것입니다. 그리고는 사만다 북에게 주장을 펴게 하고, 그녀가 자기주장을 펴자마자 바로 앞에서와 같은 질문을 던진 것입니다.

짧은 시간 동안 단 몇 개의 질문을 던져 꼼짝없이 논리적 오류를 범하게 만드는 능력은 어디서 오는 것일까요? 세다 토론은 이 장면처럼 상대방의 입론을 다 듣고 난 뒤에 연속적인 질문을 던져서 반박의 근거를 확보하는 토론입니다.

팀워크가 중요한 토론

영화 「글래디에이터」와 「300」, 그리고 「갈리큘라」 등 고대 로마를 배경으로 하는 기존의 영화들을 혼합하여 새로운 영상미를 선보였다는 미국 드라마가 있습니다. 바로 「스파르타쿠스」입니다. 성과 폭력을 다룬 장면이 지나치게 자극적이라는 평가를 받지만, 다양한 대중문화가 안방으로 다가오는 시대이니만큼 새로운 자극과 줄거리가 신선하다는 평도 있습니다.

이 드라마의 중반부에 주인공 스파르타쿠스가 선배 검투사인 크릭서스와 한 팀이 되어서, '죽음의 그림자'라는 별명을 가진 검투사와 목숨을 걸고 일전을 벌이는 장면이 나옵니다. 상대의 체구가 괴물 같이 커서 두 사람이 협력하지 않고서는 이길 수 없는 상황이지요. 그런데 문제는 이 두 사람이 처음 만났을 때부터 사이

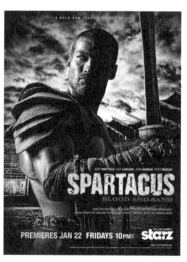

미국 드라마 「스파르타쿠스」

가 좋지 않았다는 점입니다. 둘이 힘을 합쳐도 이길까 말까 한 싸움에서 둘이 서로 으르렁거리는 장면이 긴장감을 더해 주지요.

두 사람이 한 팀이 돼서 싸우는 세다 토론의 방식을 생각하다 보니 자연스레 이 장면이 떠올랐습니다. 죽음이 코앞에 있는 상황에서도

서로 하나가 되지 못하는 두 사람의 모습이 잊혀지지 않습니다. 상대방을 앞에 두고 우리 편끼리 저런 모습을 보인다면 그 토론은 보나마나 백전백패하겠지요.

세다 토론의 취지

교실 토론이나 대회형 토론 등 다양한 토론 가운데 어느 토론보다도 두 사람의 호흡과 단합이 중요시되는 토론이 바로 이 세다 토론입니다. 상대방과 치열하게 논리 싸움을 벌이면서도 우리 팀과는 시시각각 호흡을 맞추는 토론이 바로 세다 토론이지요.

세다 토론을 흔히 '교차 질문식 토론'이라고 합니다. 'CEDA'는 'Cross Examination Debate Association'의 줄인 말입니다.

이 토론은 주어진 논제의 근거에 대한 심도 깊은 질문을 통해 상대방 논거의 합리성을 파악하는 것입니다.

세다 토론에서 각 팀은 두 사람으로 구성되며(서울 고등학생 토론 대회의 경우 참여 학생 수를 늘리기 위해 3명으로 구성하기도 합니다만, 원칙은 2명입니다.), 토론자 개개인은 각각 세 번의 발언 기회(입론, 교차 질문, 반박)를 갖습니다. 세다식 토론은 팀별 토론이므로 숙의 시간 등을 통해 파트너와 협동하여 토론을 효율적으로 이끌어 가는 것이 중요합니다.

앞서 말씀드린 「스파르타쿠스」의 주인공들은 결국 '죽음의 그림자'를 넘어섰을까요? 분열된 채 상대와 싸우다가 급기야 크릭서스는 온몸에 부상을 입고 정신을 잃습니다. 주인공 스파르타쿠스가 결정적인 순간에 크릭서스를 살려 내며 괴물에게 덤벼 보지만, 적과의 일대일 싸움으로는 승산이 없습니다. 싸움에 열광하는 군중들의 환호 속에 죽을 위기에 몰린 주인공을 살리는 이는 역시 동료인 크릭서스입니다. 겨우 눈을 뜨고 몸을 움직인 크릭서스는 내리쬐는 햇볕 아래서 투구의 반사광을 이용하여 멀리서나마 스파르타쿠스를 돕습니다. 결국 햇빛에 눈이 부셔 앞을 못 보는 '죽음의 그림자'를 주인공 스파르타쿠스가 처리하는 걸로 싸움은 끝이 납니다. 위기 상황에서 두 사람의 협동이 마침내 빛을 발한 것이지요.

세다(CEDA) 토론

잔인한 검투사의 세계처럼 토론도 그렇게 격할까요? 교육 토론이 그렇게까지 험하다면 학생들이 상처를 많이 받겠지요.

아카데믹 토론 가운데서도 공방이 가장 치열한 세다 토론은 질문을 던지고 대답을 하는 과정이 마치 날카로운 논리의 칼이 오가는 현장처럼 보입니다. 그래서 비록 무기는 다르지만 그 긴장과 격렬함은 검투사의 세계 못지않습니다. 그래서인지 이 세다 방식으로 치러지는 '서울 고등학생 토론 대회'의 예선이나 본선 과정에서 학생들이 흥분하거나 너무 지나치게 상대방을 몰아붙이는 모습을 자주 보아 왔습니다. 세다 토론은 짧은 시간 안에 불꽃 튀는 공방이 오가는 만큼, 같은 편끼리의 팀워크 못지않게 마음을 잘 다스리는 것도 중요합니다.

세다 토론의 방법

자, 그럼 세다 토론의 방법을 구체적으로 알아볼까요?

가. 진행 순서

토론 시간은 '숙의 시간(최대 8분)'을 포함하여 총 52분입니다. 구체적인 토론 순서와 시간은 아래와 같습니다.

❶ 긍정 측 첫 번째 토론자의 입론 – 5분

❷ 부정 측 두 번째 토론자의 교차 질문 – 3분

❸ 부정 측 첫 번째 토론자의 입론 – 5분

❹ 긍정 측 첫 번째 토론자의 교차 질문 – 3분

❺ 긍정 측 두 번째 토론자의 입론 – 5분

❻ 부정 측 첫 번째 토론자의 교차 질문 – 3분

❼ 부정 측 두 번째 토론자의 입론 – 5분

❽ 긍정 측 두 번째 토론자의 교차 질문 – 3분

❾ 부정 측 첫 번째 토론자의 반박 – 3분

❿ 긍정 측 첫 번째 토론자의 반박 – 3분

⓫ 부정 측 두 번째 토론자의 반박 – 3분

⓬ 긍정 측 두 번째 토론자의 반박 – 3분

양 팀 모두 순서와 상관없이 팀당 4분씩의 숙의 시간을 요청할 수 있습니다. 숙의 시간 요청은 각 단계 종료 후 가능하고, 최소 1분에서 최대 4분을 요청할 수 있습니다. 앞서 말씀드린 대로 숙의 시간은 자기편이 말할 시점에 신청을 하는 것이 좋습니다. 상대편이 발언할 기회에 우리 측에서 숙의 시간을 신청한다면 결과적으로 상대방을 도와주는 셈이 될 테니까요.

나. 진행 과정

그럼 각 발언 시기마다 어떤 내용들이 오가는지 자세히 살펴보도록 하겠습니다.

1) 긍정 측 첫 번째 토론자의 입론

긍정 측 첫 번째 토론자는 토론 주제에서 반드시 논의되어야 할 주요 개념을 적절히 제시하고, 이들 개념을 올바르게 이해하고 있음을 입론 과정에서 밝혀야 합니다. 개념의 정의와 논제가 등장한 배경, 역사, 현상과 문제 등을 분명하게 드러내 보이고 자신의 주장을 펼칩니다.

모든 토론이 그렇듯이 긍정 측이 먼저 시작합니다. 이는 기존의 상황에 대해서 변화를 제안하는 측이 긍정 측이기 때문입니다. 그래서 긍정 측 첫 번째 토론자는 늘 그 토론의 취지와 주요 개념을 설명하는 것으로 시작합니다.

2) 부정 측 두 번째 토론자의 교차 질문

교차 질문은 첫 번째 입론자의 논리상의 문제점을 부각시킬 수 있는 심문 과정입니다. 앞에서 영화 「그레이트 디베이터스」의 오디션 부분을 말씀드렸는데, 바로 그 장면처럼 사실 여부, 출처 등을 묻고, 대답 가운데 문제점이 없는지를 파악하는 게 목적입니다. 이때 질문은 공격적으로 하더라도 토론자로서의 예의는 잘 지켜야 합니다.

3) 부정 측 첫 번째 토론자의 입론

부정 측 첫 번째 토론자는 긍정 측 첫 번째 토론자가 제시한 입론과 이에 대한 교차 질문을 통해 드러난 논리적인 문제들을 중심으로, 긍정 측이 제시한 개념의 정의, 역사, 현황 등의 문제점을 적극적으로 짚어 나갑니다. 전체적인 토론의 생산성이 이 부분에서 결정이 나기 때문에, 여기에서 주어진 숙의 시간을 효과적이면서도 집중적으로 사용하는 것이 좋습니다.

4) 긍정 측 첫 번째 토론자의 교차 질문

긍정 측 첫 번째 토론자는 부정 측 첫 번째 토론자가 제시한 입론의 문제점을 효과적으로 부각시키고, 부정 측 발언 가운데 증거가 불충분하거나 문제를 삼을 부분에 대하여 부정 측의 분명한 입장을 듣도록 합니다.

5) 긍정 측 두 번째 토론자의 입론

긍정 측 두 번째 입론자는 첫 번째 토론자의 연장선에서 앞서 교차 질문을 통해 드러난 부정 측 주장의 논리적 허점이 무엇인지를 지적하고, 첫 번째 입론자가 하지 못한 나머지 주장을 설득력 있게 제시합니다.

6) 부정 측 첫 번째 토론자의 교차 질문

긍정 측 두 번째 토론자가 제시한 입론의 문제점을 다시 한 번 파고 들어갑니다.

7) 부정 측 두 번째 토론자의 입론

부정 측 두 번째 토론자는 자기편 첫 번째 토론자의 입론 중 긍정 측에 의해 논박되지 않은 것들을 정리하고, 이를 바탕으로 바로 전 교차 질문에서 드러난 긍정 측 주장의 오류나 문제점을 지적합니다.

8) 긍정 측 두 번째 토론자의 교차 질문

부정 측 두 번째 토론자가 제시한 입론의 문제점을 다시 한 번 부각시킵니다.

9) 부정 측 첫 번째 토론자의 반박

앞의 부정 측 두 번째 입론의 연장선에 있는 것으로 간주하고 주장을 전개해 나가야 합니다. 입론과 반박을 합쳐 토론의 중간 부분을 부정 측이 장악했기 때문에 이 기회를 잘 활용해야 합니다. 이 반박에서 부정 측 첫 번째 토론자는 두 번째 토론자가 미처 다 다루지 못한 내용, 즉 부정 측 처음 주장에 대한 긍정 측의 답변을 다시 공격하게 됩니다. 그러나 반박을 하며 새로운 주장을 제기해서는 안 됩니다. 반박은 철저하게 상대방의 논리에 대한 반론으로 그쳐야 하는 것입니다.

10) 긍정 측 첫 번째 토론자의 반박

긍정 측 첫 번째 토론자는 부정 측이 제시한 모든 주요 주장을 효과적으로 반박해야 합니다. 긍정 측은 자신의 주장을 증명해야 하는 부담이 있기 때문에, 부정 측이 제시한 주된 주장을 한 가지라도 효과적으로 반박하지 못하면 토론에서 불리한 입장으로 몰립니다.

11) 부정 측 두 번째 토론자의 반박

부정 측의 마지막 발언 기회입니다. 긍정 측 주장의 허점을 명료하게 요약하여 반박합니다. 또한 부정 측이 제시한 대처 방안을 효과적으로 요약하면서, 부정 측이 왜 토론에서 승리했는지 그 이유를 체계적으로 말해야 합니다.

12) 긍정 측 두 번째 토론자의 반박

전체 토론의 마지막 발언입니다. 긍정 측이 제시했던 필수 쟁점의 논리를 상기하면서 부정 측 최후의 반박에서 제시된 주장들을 성공적으로 공격하고, 왜 긍정 측이 토론에서 승리했는지를 말해야 합니다. 부정 측 토론자가 입론에서 제시했던 논리와 반박 내용을 중심으로, 필수 쟁점이 모두 성공적으로 방어되었다는 점을 부각시켜야 하지요.

이런 숨 가쁜 공방이 세다 토론의 방식입니다. 너무 격렬하고 급하다는 느낌이 들 것입니다. 학생들이 이 토론을 소화할 수 있을까 싶기도 하고요. 게다가 세다 토론은 시간도 길어서 교실 토론 수업으로는 적절하지 않을 수 있습니다. 앞서 말씀드렸듯이 '서울 고등학생 토론 대회'에서 이 방식을 채택한 것은 교실 토론으로 보급하기 위한 것은 아닙니다. 세다 토론은 철저한 대회형 토론이기 때문에 한두 번의 연습으로 잘하기는 힘듭니다.

그래도 이 토론이 의미가 있는 것은 학생들 가운데 이런 토론을 즐기는 학생들이 있기 때문입니다. 또, 논제의 양쪽을 다 준비해서 찬성과 반대를 즉석에서 결정하는 토론 방식도 교육적인 의미가 있습니다. 교육 토론에서는 보통 자신의 입장을 충실하게 준비해서 토론을 합니다. 그러나 자기 의견과 반대지만 상대방의 입장에서 토론을 해 보는 경험도 '180도의 새로운 진실'을 찾아 간다는 의미에서 매우 중요합니다.

다. 교실 토론용 세다 토론

이 토론은 주로 대학생들의 토론 대회 형식이지만 서울시 고등학생 토론 대회의 예선과 본선에 도입되면서 많은 선생님들이 관심을 가지게 되었습니다.

수준 높은 논리 훈련 교육이 발달하지 않은 우리나라에서는 보편화되기까지 시간이 좀 걸리겠지만, 앞으로 토론 수업의 필요성이 높아지고 그 중요성과 열기가 더해지면, 각종 토론 대회 뿐만 아니라 방과 후 수업이나 교실 수업에서도 어느 정도 자리를 잡아갈 것으로 보입니다.

세다 토론은 반론과 재반론, 숙의 시간의 사용을 통한 팀별 협동 과정 등에서 교육적인 의미를 지닙니다.

교실에서 실제로 세다 토론 수업을 하신다면 우선 찬반이 뚜렷한 정책 논제를 제시하고, 3인 1조의 팀을 짠 뒤에 3대 3 정도로 대결을 벌이게 하는 것이 좋습니다. 6인 한 게임이니 한 반 학생 수가 35~40명이라면 전체 6~7팀 정도가 나오겠지요.

전체 학생이 참여하기 어렵다면 대표 학생만 토론을 진행하게 하고, 다른 학생들에게는 시간 체크나 녹취, 평가를 하는 역할을 맡겨도 좋습니다. 학생들이 토론의 규칙을 정확히 알고 교차 질문의 방법이나 감각을 익히는 게 중요하니까요.

세다 토론을 교실 토론에 적용하여 시간을 조정해 보았습니다. 이를 표로 정리해 보면 다음과 같습니다.

순서	토론 내용	시간
1	긍정 측 첫 번째 토론자의 입론	5분
2	부정 측 두 번째 토론자의 교차 질문	3분
3	부정 측 첫 번째 토론자의 입론	5분
4	긍정 측 첫 번째 토론자의 교차 질문	3분
5	부정 측 첫 번째 토론자의 반박	3분
6	긍정 측 두 번째 토론자의 반박	3분
7	부정 측 두 번째 토론자의 재반박 및 정리	3분
8	긍정 측 두 번째 토론자의 재반박 및 정리	3분
작전 타임	긍정 팀 부정 팀 각각 3분씩	6분
	총 소요 시간	34분

〈교실 토론용 세다 토론〉

교실에서는 이를 더 줄여서 3분 – 2분 – 3분 – 2분 – 2분 – 2분 – 2분 – 2분 – 작전 타임 각 2분씩, 총 22분으로 진행할 수도 있습니다. 교실 토론의 시간은 정해진 것이 없으므로 40분이나 45분 혹은 50분의 시간 범위 내에서 시간을 적절히 조절하여 진행하시면 됩니다.

교차 질문 익히는 방법

세다 토론에서는 교차 질문을 잘하는 것이 중요합니다. 그런데 쉽지 않아 보이지요? 이렇게 어려워 보이는 교차 질문을 쉽게 익히는 방법은 없을까요?

일단 예를 하나 들어보겠습니다. 다음은 영화 「그레이트 디베이터스」의 마지막 부분에서 입론을 하고 거기에 대해 교차 질문을 하는 상황을 만들어 본 것입니다.

사회자 | 지금부터 '시민 불복종은 정의를 향한 싸움에 도덕적 무기이다.' 라는 주제로 토론을 시작하겠습니다. 양측 토론자 각자 자기소개해 주십시오.
(토론자들 자기소개를 한다.)

사회자 | 그럼 지금부터 본격적인 토론을 시작하겠습니다. 먼저 찬성 측, 입론 5분간 시작해 주십시오.

찬성 | 찬성 측 입론 시작하겠습니다. '시민 불복종은 정의를 향한 싸움에 도덕적 무기이다.' 하지만 불복종이 도덕적이었던 때가 있었나요? 저는 그것은 단어에 대한 사람의 정의에 의지한다고 봅니다. 1919년 인도에서 영국의 폭정에 항의하기 위해 암릿사르에 1만 명의 사람이 모였습니다. 레지날드 다이어 장군은 마당에서 그들을 체포했고, 그의 병사들에게 10분 간 군중들에게 발포할 것을 명령했습니다. 379명이 죽었죠. 남자, 여자, 아이들이 잔혹하게 총에 맞아 쓰러졌습니다. 다이어는 그들에게 도덕적 교훈을 가르쳤다고 말했습니다. 간디와 그의 추종자들은 폭력으로 응수하지 않고, 비폭력의 조직화된 캠페인으로 응수했습니다. 정부의 건물들이 점령되고, 거리는 폭동을 거부하는 사람들에 의해 가로막혔습니다. 심지어는 경찰에게 얻어터지기도 했죠. 간디는 체포되었습니다. 하지만 영국은 곧 그를 풀어 주어야 했습니다. 간디는 그것을 '도덕적 승리'라 하였습니다. 도덕의 정의는 다이어의 교훈인가요? 아니면 간디의 승리인가요? 여러분이 선택하십시오.

사회자 | 반대 측, 교차 질문 3분 간 해 주십시오.

반대 | 반대 측 교차 질문 시작하겠습니다. 찬성 측 입론자께서는 "불복종이 도덕적인 적이 없다."라고 하셨는데, 맞습니까?

찬성 | 아니요, 불복종이 도덕적인 적이 있냐고 물었습니다. 불복종에 대한 기존의 인식이 부도덕하다는 편견에 사로잡혀 있다는 걸 지적한 말입니다.

반대 | 단어에 대한 사람의 정의에 의지한다는 말은 의미가 항상 양면성 혹은

다면성을 띤다는 의미입니까?

찬성 │ 우리가 토론을 하는 이상 도덕의 정의를 내려야 하는데, 개념이란 항상 정의를 어떻게 내리는가가 중요하다는 말씀입니다. 제가 생각한 도덕의……

반대 │ 예, 거기까지만 듣겠습니다. 1919년 인도의 암릿사르 학살은 어느 자료를 근거로 말씀하신 겁니까?

찬성 │ 그 사건은 역사에서 이미 상식적인 이야기이고, 저는 동아대백과를 참고했습니다.

반대 │ 위키피디아에 따르면, "간디는 활발한 사회 운동을 했지만, 노동자들에게 간디는 자본가들을 위해 봉사하는 지식인에 불과했다."라고 되어 있습니다. 그런 간디가 '도덕적 승리'를 말할 자격이 있다고 생각하십니까?

찬성 │ 비폭력과 도덕의 문제는 계급 운동과는 상관없다고 생각합니다. 중요한 것은 간디가 폭력에 대항하기 위해 폭력을 사용하지 않았다는 점입니다.

반대 │ 입론에 따르면 간디의 저항 운동 당시, "정부의 건물들이 점령되고, 거리는 폭동을 거부하는 사람들에 의해 가로막혔다."라고 했습니다. 맞습니까?

찬성 │ 예!

반대 │ 건물 점령과 거리의 교통 제압이 무기를 들지는 않았지만, 실제로는 물리적 폭력이 될 수 있다고 생각하십니까?

찬성 │ 폭력의 정의를 다시 내려야 한다고 생각하는데요.

반대 │ '예, 아니오'로 대답해 주십시오.

찬성 │ 정의로운 폭력이 될 수 있다고 생각합니다.

반대 │ 건물 점령과 교통 제압이 사회적 혼란을 불러올 수 있다는 사실에 동의하십니까?

찬성 │ 예!

반대 │ 이상으로 반대 측 교차 질문 마치겠습니다.

사회자 │ 반대 측 입론해 주십시오. 시간은 5분입니다.

이와 같이 세다 토론의 교차 질문은 개념의 의미, 사실 여부, 출처

확인, 연관 질문으로 이어지면서 상대방 논거에 대한 종합적인 고찰을 가능하게 합니다. 이러한 교차 질문을 학생들에게 훈련시키는 가장 좋은 방법은 한 학생의 입론 내용을 듣고 나머지 학생들이 다 같이 돌아가면서 질문을 해 보는 것입니다.

특정 주제에 대한 입론서를 작성한 후에 몇 명이서 짝을 지어 서로 질문하고 답변하는 훈련을 하면, 교차 질문 능력과 감각을 크게 향상시킬 수 있습니다.

세다 토론 시 주의 사항

세다 토론이 좀 어렵게 느껴지십니까? 처음에는 다 낯설고 어색하지만, 지속적으로 관심을 갖고 꾸준히 훈련을 하다 보면 어느새 세다 토론도 자연스럽게 다가올 것입니다. 세다 토론을 잘하기 위해 잊지 말아야 할 것들을 다시 정리해 드리겠습니다.

❶ 입론을 풍부하게 해야 토론이 깊이 있고 활발해집니다.

❷ 질문은 반드시 입론 안에서 합니다. 그리고 교차 질문자는 지나치게 공격적인 태도를 보이지 않도록 합니다.

❸ 세다 토론의 꽃인 교차 질문 과정은 정확하고 풍부한 자료 조사가 이루어져야만 성공할 수 있습니다. 자료 조사가 충분하지 않으면 토론이 추측과 상상으로 진행되면서 본래의 흐름을 잃어버리고 엉

뚱한 방향으로 흘러가는 경우가 많습니다. 세다 토론이 잘 이루어지려면 출처가 명확한 자료 조사가 반드시 필요합니다.

❹ 세다 토론에서는 팀워크가 중요합니다. 이를 위해서는 숙의 시간을 잘 활용해야 합니다. 표시가 나지 않게 팀원들끼리 무언의 의사소통을 하는 것도 큰 도움이 됩니다.

세다 토론의 활용

정책적인 주제를 심도 깊게 토론하기에는 세다 토론만 한 것이 없습니다. 그만큼 체계적인 훈련이 없이는 쉽게 하기 힘든 것이 세다 토론이기도 하고요. 그런 까닭에 세다 토론을 일반적인 교실 수업에서 활용하기는 쉽지 않습니다. 물론 논리적인 근거를 찾고 자료를 정리한 뒤에 상대편 토론자에게 반박을 하는 과정은 여느 토론에도 있는 것입니다. 하지만 입론을 듣고 나서 던지는 날카로운 교차 질문은 세다 토론만의 특징으로, 꾸준한 연습 없이는 능숙하게 해내기가 어렵습니다.

따라서 세다 토론은 방과 후에 토론반 활동을 하면서 좀 더 심도 깊은 토론 공부를 원하는 학생들이나, 서울 고등학생 토론 대회에 참가하는 학생들처럼 높은 수준의 토론 능력을 갖추기를 원하는 학생들에게 적합합니다. 이러한 학생들의 논리적 사고력이나 비판적 사고력을 향상시키는 데 적절하게 활용할 수 있는 토론이 바로 세다 토론입니다.

• 세다 토론 녹취록

날 짜	2010. 11. 09.	장 소	전국국어교사모임 사무실
논 제	군가산점 제도를 도입해야 한다.		

토론자	긍정 측	1. 박용숙	2. 최은경
	부정 측	1. 김경렬	2. 곽혜영

구분	긍정 측	부정 측
입론1	1. 군가산점 제도는 공무원 임용 시 일정한 가산점(2.5%에 해당하는)을 군필자에게 부여하는 제도이며, 가산점을 주는 인원은 합격자 상한선의 20% 이내가 되어야 한다. 군가산점 제도는 필요하다. ① 군 복무자에 대한 사회적 보상이 필요하기 때문이다. 군 복무자에 대한 보상은 국가의 의무이며, 공공의 이익을 위해서라도 필요하다. ② 군 복무로 인한 장병들의 희생에 최소한의 보상이 되기 때문이다. 충분한 보상은 아니지만 상징적 의미로서 국군 사기 진작의 첫 단추가 될 수 있다. 여론 조사 결과 다수의 국민이 찬성한 점이 이를 뒷받침한다.	3. 군가산점 제도에 대한 개념은 생략한다. 군가산점 제도는 이미 위헌 판결이 났음에도 최근 이러한 논란이 일어나는 배경에는 연예인 병역 비리, 운동 선수 특혜 논란 등과 더불어 복무 기간을 연장하고자 하는 의도가 숨어 있다. ① 국방의 의무를 국민의 의무로 볼 때, 의무를 이행한 것을 희생했다고 볼 수 있는지 의문이다. 가산점 반영 비율을 낮췄다고 해도 불평등함이 사라지는 것은 아니다. ② 그리고 MB 정부의 '공정 사회'라는 기치에 부합하는 판단인지 의심이 간다. 공정 사회를 내걸고 여성 대 남성의 대결 구도로 몰아가고 있다.
입론2	5. ① 군가산점 제도는 1999년에 이미 위헌 판결이 난 사항이다. 그러나 2010년 현재 다시 논의가 되고 있는 상황은 그때와 다르다. 공무원 시험을 준비하는 사람들은 소위 명문대 출신이라고 보기 힘들며 – 명문대 출신 여성과 비교하면 특히 – 사회적 강자라고 단언할 수 없다. 사회적 약자에 대한 이해로 가산점 제도 도입이 가능하다 ② 공무원 임용 시험에서 장애인을 제외한 여성이 사회적 약자라고 보기 힘들다. 현재 임용되는 비율을 보면 여성이 압도적이다.	7. ① 군가산점 제도를 도입하는 의도가 타당하지 않다. 실제로 많은 군인들의 사기가 진작되는지 확인 불가능하다. 또한 다른 식의 보상으로 나아가기 위한 첫 단추가 될 수 없다. 전체 공무원 시험 응시자 중 얼마 되지 않는 비율의 사람이 받는 보상으로 전체의 보상을 대체하려고 하는 의도이다. 이는 군가산점 제도가 의미 없는 사람에게까지 차별을 공고히 하게 한다. ② 군가산점 제도 도입은 병역 비리 근절에 효과가 없다. 실제로 군가산점 제도가 있었던 시기에도 병역 비리는 꾸준히 있었다. ③ 비정규직의 여성 비율이 압도적으로 높은 한국 현실에서 여성들이 공무원 시험에 몰린다고 여성을 강자라고 할 수 없다. 군가산점은 약자인 여성을 다시 차별하는 것이다.

구분	긍정 측	부정 측
확인 심문1	4. ① 의무에 관해서는 일일이 보상받을 수 없다고 했는데 맞는가? (그렇다. 군가산점 제도는 보상받는 혜택이 일부에게 돌아가게 된다.) 납세의 의무는 국민 모두의 의무이지만 다자녀 가정 등에게 금전적 지원이 됨으로써 혜택이 일부에게 돌아가고 있다는 점을 지적하고 싶다. ② 사회적 약자에 대한 역차별이 필요하다는 점에 공감한다면 20대 초반의 남성이 겪는 고통이 사회적 약자로서의 고통이라고 생각하지 않는가? (그렇다.) 그렇다면 여성이 더 사회적 약자인가? (그렇다.) ③ 군대를 특혜로 들어가지 않는 사람에 대한 생각은? (시간 제한)	2. ① 국방의 의무가 누구나 인정하는 의무라고 볼 수 있는가? (그렇다.) 그 근거가 정확한 것인가? (500여 명을 대상으로 한 여론 조사의 결과가 있다.) ② 군가산점 제도가 최소한의 보상이고, 앞으로 더 큰 보상이 필요하다고 하였는데 어떤 것을 의미하는 것인가? ③ 군대에 가고 싶어도 가지 못하는 사람이 있다고 인정하는가? (질문 중 시간 제한)
확인 심문2	8. ① 군가산점 제도가 군의 사기 진작에 효력이 없다고 확신하는가? 실효성이 1% 정도라고 단정 가능한가? ② 여성의 많은 수가 취업이 안 된다면 남성의 다수는 취업이 쉽다고 생각하는가? (전체 취업의 상황으로 볼 때, 그렇다.) 공무원 시험에서는 그렇지 않다. 공무원 시험을 보는 남성들의 경우 가산점이 큰 역할을 한다.	6. ① 2010년과 1999년이 상황이 다르다고 말할 수 있는가? 공무원 시험에서의 여성 합격률만 놓고 여성을 강자라고 단언할 수 있는가? ② 중하위권 대학 출신의 남성과 명문대 출신의 여성으로 토론을 한정하는 것이 올바른가? 전체 여성의 취업률을 봐야 한다고 생각한다.
반론 1	10. 정부가 공정 사회를 지향한다면 더욱 국민이 져야 하는 신성한 의무에 대한 보상이 필요하다. 다양한 보상 정책 중 군가산점 제도가 논의되는 것은 현실적인 여건 때문이다. 군가산점 제도 폐지 이후의 들끓는 여론을 보면 이 제도가 군대의 사기 문제에도 큰 영향을 미치는 것을 알 수 있다. 전체적으로 여성이 약자이나 공무원의 남녀비율이 역전된 것은 오래된 일이다.	9. 공정 사회를 위해서도 군가산점 제도를 폐지해야 한다. 이 제도가 타당한 합의의 과정을 거친 것인지, 현실적인 제약 속에서 제시된 것인지 의문시된다. 국가가 군가산점 제도를 통해 다른 사람들(약자)에게 고통을 전가하는 것보다는 사회의 기반을 바꾸는 전체 그림을 다시 그리는 작업이 필요하다. 또한 최소한의 보상이라도 해야 한다는 것이 불평등을 합리화하지는 않는다. 사회적 약자들이 공무원 시험으로 몰리는 자체가 여성이 더욱 사회적 약자임을 방증한다.

구분	긍정 측	부정 측
반론 2	12. 군가산점 제도가 최선은 아니지만 분명히 필요하다고 생각한다. 남성 취업 문제는 남성 한 명의 취업 문제가 아니다. 남성의 경우 취업을 하지 못할 경우, 가정을 꾸리는 것이 불가능하다. 남성 취업은 가정을 꾸리고 2세를 생산하는 사회적 재생산의 문제인 것이다. 사회적 약자라는 여성의 위치에 동의하지만 여성은 결혼이라는 안전망이 있다. 또한 남성이 군대에 다녀와서 절박감을 느끼게 되는 취업 연령 상한제에서도 비교적 자유롭다. 그러므로 공무원 시험은 남성에게 더 중요하며 그들에게는 심각한 생계의 문제라고 볼 수 있다.	11. 군필자에 대한 보상 자체를 부인하는 것은 아니다. 가산점보다는 실질적인 보상이 이루어져야 한다고 생각한다. 여론이 들끓었다는 것이 근거가 될 수는 없다. 여론이 올바름을 결정하지는 않는다.
심사 위원 총평	족장(애린) : 질문의 중요성을 잘 알게 된 토론이었다. 많이 준비한 토론자가 역시 핵심을 찌르는 질문을 하는 것을 보았다. 모두 수고 많이 하셨다.	

6

상대방의 진리를
의심하라

– 칼 포퍼 토론

칼 포퍼 토론의 기초는
'반증 가능성'

아
그렇구나

"지상 천국을 만들려는 시도가 늘 지옥을 만들어 낸다."

"합리주의는 비판적 논증에 귀 기울이고 경험에서 배우려는 태도라고 할 수 있다. 그것은 근본적으로 이런 태도를 말한다. '내가 잘못되었을 수도 있다. 그리고 당신이 옳을 수 있다. 그리고 우리가 노력하면 우리는 진리에 더욱 가까이 다가갈 수 있다.' 바꿔 말하면 논증과 관찰 같은 수단을 통해 많은 중요한 문제에 관해 사람이 합의에 도달할 수 있으리라는 희망을 포기하지 않는 태도이다."

"추상적 선의 실현보다 구체적인 악의 제거에 주력하라."

"만병통치약이란 없다. 모든 병에 좋은 약은 어떤 병에도 좋지 않다."

"우리는 금수로 돌아갈 수 있다. 그러나 우리가 인간으로 남고자 한다면, 오직 하나의 길, 열린 사회로의 길이 있을 뿐이다."

−칼 포퍼

칼 포퍼 토론의 취지

이 모든 말들을 한 사람이 누구인지 아시는지요. 바로 오스트리아 출신의 철학자 '칼 포퍼(Karl Popper, 1902~1994)' 입니다. 칼 포퍼의 주옥같은 말들에서 어떤 기운이 느껴지는지요?

칼 포퍼의 말들을 자세히 살펴보면 그의 사상에는 '절대적인 진리나 법칙은 없다' 는 생각이 밑바탕에 깔려 있지 않은가 하는 생각이 듭니다. 인간답게 살기 위해 닫힌 사회가 아닌 열린 사회로의 회귀를 주장하는 목소리는 의미심장합니다. 칼 포퍼는 남을 존중하지 않고 억압하는 전체주의적이고 절대적인 진리를 강요하는 답답한 사회(닫힌 사회)를 비판하고, 타인을 존중하는 열린 사회를 지향하는 대표적인 철학자입니다. 그래서 칼 포퍼는 서양 철학의 아버지라 불리는 플라톤이나 정치적인 계급 혁명을 주장하는 칼 마르크스를 강하게 비판하고 그들을 열린 사회의 적으로까지 간주합니다. 플라톤이 주장하는 이데아나 마르크스가 주장하는 공산주의 사회가 다른 의견을 존중하지 않는 절대적인 체계라는 것입니다.

칼 포퍼의 말이 진실인지 아닌지는 많은 고민과 토론이 필요합니다. 여기서 우리는 이런 질문을 던져 볼 수 있습니다.

우리가 토론을 할 때, 자신이 옳다는 것을 증명하는 것과 상대가 틀렸음을 증명하는 것 중에서 어떤 것이 더 어려울까요? 토론을 처음 공부하는 입장이라면 자신의 논리를 명증하게 펼쳐나가기도 쉽지 않지만, 상대방의 주장이 지닌 문제점을 파악하고 그것을 밝혀내는 일은 더더욱 어렵겠지요.

고전식 토론과 같은 단순한 형식의 토론은 상대의 주장을 듣고 자기 관점과 입장, 자료를 바탕으로 반박을 해 나가지만, 그것을 체계적이고 논리적으로 펼쳐나가기란 쉽지 않습니다.

상대의 주장이 옳을 수도 있지만 옳지 않을 수도 있는 가능성, 그것을 칼 포퍼는 '반증 가능성'이라고 부릅니다. 그 반증 가능성에 기초해서 만들어진 토론이 바로 칼 포퍼 토론입니다. 상대는 늘 자신의 주장이 절대적으로 옳은 것처럼 말하는데, 과연 그것이 과학적이고 합리적인지 따져서 고찰할 필요가 있다는 것이지요. 실험을 해서 어떤 결과가 나오면 무조건 '자기 주장의 정당성을 내세우는' 과학과 합리성이 아니라 '다른 진리의 합리성을 의심하는' 차원의 합리성을 칼 포퍼가 제시하고, 그 사상에 기초해서 만들어진 토론이라는 뜻입니다.

칼 포퍼 토론의 방법

자, 그럼 칼 포퍼 토론의 방법을 구체적으로 알아볼까요?

가. 진행 순서

토론 시간은 '숙의 시간(4분)'을 포함하여 총 44분입니다. 구체적인 토론 순서와 시간은 다음과 같습니다.

순서	토론 내용	시간
1	긍정 측 첫 번째 토론자의 입론	6분
2	부정 측 세 번째 토론자의 1차 교차 조사	3분
3	부정 측 첫 번째 토론자의 입론	6분
4	긍정 측 세 번째 토론자의 1차 교차 조사	3분
5	긍정 측 두 번째 토론자의 1차 반론	5분
6	부정 측 첫 번째 토론자의 2차 교차 조사	3분
7	부정 측 두 번째 토론자의 1차 반론	5분
8	긍정 측 첫 번째 토론자의 2차 교차 조사	3분
9	부정 측 세 번째 토론자의 2차 반론	3분
10	긍정 측 세 번째 토론자의 2차 반론	3분

숙의 시간은 별도의 규정을 둘 수도 있습니다. 주최 측에서 정해 놓은 총 시간에 따라서 적절하게 활용하면 됩니다. 자기 팀에서 어려움에 처했을 때 협력해서 벗어날 시간을 버는 것이므로 적절한 타이밍

을 활용하는 것이 중요하겠지요.

나. 진행 과정

그럼 각 발언 시기마다 어떤 내용들이 오가는지 자세히 살펴보도록 하겠습니다.

1) 긍정 측 첫 번째 토론자의 입론

대부분의 대립 토론은 긍정 측에서 문제 제기를 합니다. 그리고 배경과 취지를 말하고 용어 정의 등을 한 뒤에 핵심 쟁점에 대한 주장과 근거들을 나열합니다. 칼 포퍼 토론도 예외 없이 대립 토론의 규칙을 따릅니다. 다만 여기서 주목해야 할 내용은 칼 포퍼 토론의 경우 토론 전체 과정에서 입론이 한 번 밖에 없기 때문에 입론에서 주장하지 못한 문제를 뒤에서 새롭게 제기할 수가 없다는 점입니다. 따라서 핵심 쟁점과 관련된 논증은 입론에서 모두 펼쳐 내야 하는데, 그만큼 사전 협력과 준비가 필수적입니다. 두 번째와 세 번째 토론자는 본인들이 직접 입론을 하지 않지만 효과적인 반론을 위해서 입론 작성 과정에 같이 참여합니다.

긍정 측의 입론은 문제 제기 형태로 이루어져야 하고 그것에 대한 긍정적인 답변을 제시하는 것으로 마무리합니다.

2) 부정 측 세 번째 토론자의 1차 교차 조사

부정 측의 교차 조사는 상대측의 입장을 명료하게 확인하고 효과적인 반박을 하기 위한 예비 과정입니다. 다음 발언이 부정 측 첫 번째 토론자로 이어지므로 서로 유기적인 연결 고리를 만들어 나갈 수 있도록 효율성을 극대화해야 합니다.

이 과정에서는 서로 동의하는 바가 무엇인지, 또 어떤 지점에서 의견이 달라지는지를 명확히 해야 합니다. 질문 속에는 긍정 측의 숨겨진 전제에서부터 겉으로 드러난 자료 상황까지 모두 다룰 수 있습니다.

질문자는 정중하게 묻고 '예', '아니오'를 강요하지 않으며, 답변자는 충실하고 간명하게 답을 합니다.

3) 부정 측 첫 번째 토론자의 입론

긍정 측과 마찬가지로 입론 기회는 한 번이기 때문에 신중하게 협력적으로 준비합니다. 부정 측은 현실 변화를 거부하는 보수적인 입장이므로 기존의 상태가 어떤 점에서 긍정적인지를 부각시키려고 노력합니다. 긍정 측의 입론 내용 가운데 문제점이 발견되면 부분적으로 반박적인 요소를 가미해도 됩니다.

4) 긍정 측 세 번째 토론자의 1차 교차 조사

긍정 측 세 번째 토론자의 교차 조사는 부정 측과 크게 다르지 않습니다. 다만 6분이라는 긴 시간의 입론이 주어진 뒤에 이루어지는 3분간의 교차 조사이기 때문에 상대측이 제시한 모든 논점과 논거들을 다 다룰 수는 없습니다. 따라서 집중과 선택의 전략을 잘 활용하여 중요한 문제부터 다루어 나가도록 합니다. 이는 부정 측도 마찬가지입니다.

5) 긍정 측 두 번째 토론자의 1차 반론

칼 포퍼식 토론에서는 두 번째 토론자의 역할이 특히 중요합니다. 비록 발언은 한 번 밖에 하지 않지만 그렇기 때문에 여유를 가지고 토론의 흐름 전체를 조율해 나가야 합니다.

긍정 측 두 번째 토론자는 앞서 교차 조사에서 드러난 부정 측 주장의 논리적 허점을 예리하게 반박합니다.

6) 부정 측 첫 번째 토론자의 2차 교차 조사

부정 측의 2차 교차 조사는 상대측 입장의 논리적 모순을 확실하게 파악하여 공격을 하는 과정입니다. 앞에서 펼쳐졌던 입론과 반론의 과정을 마지막의 최종 반론과 이어지도록 하는 다리 역할을 해야 하므로, 질문이 토론 전체 흐름을 잘 반영하고 있어야 합니다.

7) 부정 측 두 번째 토론자의 1차 반론

부정 측 두 번째 토론자 역시 앞에서 진행된 상대측 입론과 자기 측의 교차 조사 과정에서 이루어진 핵심 쟁점을 바탕으로 상대방의 오류를 파악하여 반박을 펼쳐 갑니다.

상대방에서 최초로 문제를 제기한 측이므로 상황 변화의 당위성과 타당성을 잘 드러냈는지 검증을 합니다. 긍정 측에서 상황 유지의 근거로 제시한 논거들이 어떤 문제가 있는지를 조목조목 반박해야 합니다.

8) 긍정 측 첫 번째 토론자의 2차 교차 조사

마지막 교차 조사 단계입니다. 앞에서 언급된 입론이나 반론 중에서 문제가 될 만한 쟁점과 근거들을 파악한 후, 그 가운데 꼭 짚어야 할 문제들을 질문합니다. 철저하게 상대방이 주장한 내용을 바탕으로 질문을 하되, 질문은 열린 질문의 형태로 개방적으로 하기보다는 상대가 특정한 답을 할 수 밖에 없도록 기술적으로 하는 것이 좋습니다.

9) 부정 측 세 번째 토론자의 2차 반론

부정 측의 마지막 발언 기회입니다. 부정 측이 토론에서 승리한 요건이 무엇인지 압축적으로 제시해야 합니다. 긍정 측 주장의 문제점을 드러내고 부정 측의 대안을 명확히 제시합니다.

10) 긍정 측 세 번째 토론자의 2차 반론

전체 토론의 마지막 발언입니다. 부정 측이 현실 변화를 거부하는 이유와 부정 측 주장의 문제점을 압축적으로 제시합니다. 현실을 왜 변화시켜야 하는가에 대한 이유와 구체적인 실행 방안의 가능성, 변화의 결과가 가져올 이익을 제시하면서 부정 측이 최후 반박에서 제시한 주장들을 무력화시킵니다.

이상이 양자가 치열하게 상대방의 논리를 깨뜨려 나가는 칼 포퍼 토론의 방식입니다. 자기주장을 반복하기보다는 상대 주장이 옳지 않음을 증명해 나가야 하고, 그렇기에 오히려 자기주장의 타당성을 더 강도 높게 증명해야 하는 토론입니다. 따라서 여타의 토론보다도 논리적 충실함과 팀원 간의 협력이 중시되는 토론입니다.

칼 포퍼 토론의 주요 특징

세다 토론이 두 명 한 팀의 구성인 반면 칼 포퍼 토론은 세 명이 한 팀을 구성합니다. 최근에는 인원수를 자유자재로 조정하는 변형들이 많이 나와 인원수가 그리 중요하지는 않을 수도 있습니다. 하지만 칼 포퍼 토론은 입론보다 교차 조사와 반론이 핵심이 되는 토론이기 때문에 변형도 거의 세 명의 틀을 벗어나지 않습니다.

칼 포퍼 토론은 각 팀에 한 번의 입론과 두 번의 반론 및 교차 조사가 주어집니다. 그만큼 입론의 비중은 줄어들고 반론과 교차 조사의 비중이 커집니다. 입론은 어느 정도 미리 준비를 할 수 있지만 반론은 사전 준비가 어렵습니다. 그만큼 순발력과 숙의 시간 활용이 중요합니다. 교차 조사는 한 사람의 힘만으로 이루어지기 어렵습니다. 이 때문에 이 토론에서는 팀원 간의 협력적 관계 형성이 토론의 승패를 가르는 중요한 요소가 됩니다. 팀 내의 의사소통과 더불어 상대방의 의견을 경청하는 자세 또한 중요하다는 점은 더 말할 필요가 없겠지요.

칼 포퍼 토론에는 세상의 어떤 이론도 절대적인 진리를 다 포괄할 수 없다는 정신과 더불어 나와 다른 의견을 가진 사람일지라도 존중해야 한다는 정신이 담겨 있습니다. 칼 포퍼 토론은 나의 입장과 논리 역시 언제든지 반증이 가능하고 새로운 이론으로 바뀔 수 있다는 가능성을 겸허하게 받아들이는 토론입니다.

칼 포퍼 토론 시 주의 사항

칼 포퍼 토론도 적응하기가 쉽지는 않습니다. 세다 토론과 마찬가지로 교차 조사 과정이 들어가며, 미리 준비한 입론보다는 작전 타임을 효과적으로 활용하여 반증에 힘을 쏟아야 하기 때문입니다. 까다로운 칼 포퍼 토론, 어떤 점을 고려해야 할까요?

❶ 우리 측 입론에 대한 준비보다는 상대방이 펼친 입론을 다양하게 반박하기 위한 노력을 기울여야 합니다. 그러기 위해서는 상대방의 입론 내용에 대한 풍부하고 심층적인 분석이 필수적입니다.

❷ 협력을 위한 숙의 시간을 잘 활용해야 합니다. 어쩌면 숙의 시간의 활용보다 협력 그 자체를 잘 해야 한다는 말이 더 옳을 듯합니다. 상대가 입론을 하거나 반론을 할 때 지속적으로 교차 조사를 위한 질문을 던져야 하므로 같은 팀원의 도움이 절실하게 필요합니다.

❸ 반론이 많은 토론이기 때문에 협력의 중요성은 반론 준비에서도 나타납니다. 우리 측에서 예상한 논점이나 논거가 아닐 경우 반론을 맡은 토론자는 상당히 당황할 수 있습니다. 옆 사람의 도움이 절실한데 그러려면 토론에 참여하는 세 사람 모두 상대방의 주장

을 경청해야만 합니다. 잠시라도 상대의 주장을 놓쳤다가는 협력적 관계가 유지되기 어렵기 때문입니다.

❹ 칼 포퍼 토론의 취지이자 특징인 반증을 위해 구체적인 예시를 많이 확보해 두는 것이 좋습니다. 구체적인 예시 활용은 다른 토론에서도 중요하지만 칼 포퍼 토론에서는 더욱 중요합니다.

칼 포퍼 토론의 활용

칼 포퍼 토론은 반박을 위한 날카로운 질문 능력을 겸비하여 주장뿐만 아니라 반박 또한 잘 해야 하는 토론입니다. 이런 이유로 칼 포퍼 토론이 일상이나 교실에서 활용되기란 쉽지 않습니다. 그래서 칼 포퍼 토론은 주로 고등학생 이상의 토론 대회에서 많이 활용됩니다. 특히 국제 토론 교육 협회(IDEA)에서 주관하는 토론 대회는 모두 이 방식을 활용합니다. 우리나라에서는 숙명여대에서 주최하는 대회가 칼 포퍼 토론 방식을 활용했는데요, 이 대회에서는 칼 포퍼 토론 방식을 그대로 사용하지 않고 인원은 3명을 두되 마지막에 양측의 반론 끝에 최종 변론을 추가하는 방식으로 변형하여 사용하였습니다.

칼 포퍼 토론이 담고 있는 정신은 우리의 일상생활에서도 큰 의미를 지닙니다. 오늘날 복잡한 사회 속에서 우리가 보고 듣고 믿으며 살아가는 수많은 뉴스와 정보들이 진실이 아닐 수 있다는 가능성을 염두에 두어야 합니다. 특히 자신의 종교가 진리라고 외치는 일부 종교인들이나 자신을 지지해 달라는 정치인의 목소리가 싫어진다면 더더욱 칼 포퍼 토론의 정신을 곱씹어 볼 필요가 있습니다.

칼 포퍼는 일시적인 혁명보다는 합리적인 토론을 통한 점진적인 변화와 발전을 주장한 사람입니다. 그의 이론과 사상 역시 절대적 진리라고 말할 수는 없습니다. 하지만 대중을 현혹하는 절대적 진리를 주장하는 이 시대의 모습을 차분히 성찰하는 힘을 길러준다는 점에서 칼 포퍼 토론은 우리에게 큰 의미를 지닙니다.

7

대립 토론의
첫 단추를 열어라

– 고전식 토론

선생님 1 휴……. 오늘도 수업을 망쳤네. 학생들 다 제대로 준비시키고 토론을 했는데도 왜 이 정도 밖에 안 되는 건지…….

선생님 2 선생님, 오늘은 또 왜 그렇게 한숨을 쉬시나요? 수업 시간에 무슨 일이라도 있으셨나요?

선생님 1 아뇨, 무슨 일이 있는 건 아닌데, 학생들이 토론을 영 못하네요. 준비를 철저하게 시켰는데도 말이죠.

선생님 2 주제는 무엇이었나요?

선생님 1 학생들이 관심이 많은 '학교 생활에서의 상벌제 적용'이었어요. 그래서 무척 열띤 토론을 할 줄 알았거든요.

선생님 2 학생들이 참여를 잘 안 하던가요?

선생님 1 열심히 했죠. 그런데 뭔가 진행이 잘 안 되는 거예요.

선생님 2 토론 방식은요?

선생님 1 요즘 많이 유행하는 퍼블릭 포럼 디베이트 방식을 적용해 보았어요. 얼마 전에 연수를 받았거든요.

선생님 2 이번이 디베이트 토론 수업 첫 시간인가요?

선생님 1 네, 디베이트 실습은 처음이죠. 그래서 학생들을 믿고 준비를 철저히 시켰는데도 영 아니네요.

선생님 2 너무 낙심하지 마세요. 처음 디베이트 실습을 할 때에는 누구나 다 그래요. 제 생각에는 토론 방식을 너무 어렵게 잡으신 거 같아요. 학생들이 입론을 잘 하는데 반론이나 교차 질의에서 헤매지 않던가요?

선생님 1 아, 맞아요. 어떻게 아셨지요?

선생님 2 다 경험에서 우러나온 거죠. 저도 처음에는 그랬거든요. 그러니까 디베이트를 처음 적용하실 때에는 고전식 토론처럼 쉬운 토론을 활용하세요.

선생님 1 고전식 토론이라고요? 고전이면 오래된 것 아닌가요?

선생님 2 그러니까 고전식을 추천하는 거예요. 오래된 건 그만큼 가치가 있기 마련이지요. 시간이 지나면서 토론 방식이 어려운 쪽으로 전개되어 왔기 때문에 학생들에게 처음부터 최근의 토론 방식을 요구하면 학생들이 소화하기 힘들죠. 특히 교차 질의처럼 어려운 단계는 더욱 그렇고요.

선생님 1 아, 제가 처음부터 어깨에 힘을 너무 주었군요. 선생님, 감사합니다.

선생님 2 뭐, 천만에요.

대립 토론의 첫 걸음

앞에서 세다 토론을 설명했는데 이런 복잡한 아카데미식 토론을 교실에서 적용하기는 쉽지 않습니다. 입론, 반론, 교차 조사, 최종 변론 등의 개념을 이해해도 실제 학교 현장에서 적용하기가 만만치 않습니다. 앞의 대화에서처럼 토론을 조금 공부하고 연수 몇 시간 받았다고 해서 당장 활용할 수 있는 토론이 아니라는 것입니다. 세다 토론과 같은 복잡한 토론은 적어도 토론 대회에 나가기 위해서 토론을 전문적으로 공부하는 토론 동아리 학생들 수준에서나 배우고 익힐 수준의 토론입니다.

그렇다면 이런 대립적인 토론을 쉽게 배울 수 있는 방법이 없을까요? 물론 있습니다. 바로 고전식 토론입니다. 요즈음 초·중·고 교과서에서는 이런 대립 토론을 다양하게 소개하고 있는데요, 고전식 토론이야말로 학교 현장에서 가장 먼저 도입해 볼 만한 토론입니다. 고전식 토론은 세다 토론에 비해서 훨씬 쉽고 간단합니다. 고전식 토론은 이 책에서 자주 소개되는 영화인 「더 그레이트 디베이터스」에 등장하는 토론으로, 두 사람이 한 팀이 되어 주장과 반박을 펼치는 매우 간단하면서도 흥미로운 방식의 토론입니다.

찬성 측만 입론을 준비하는 토론

최근 우리나라에 소개되는 토론들은 대개 찬성과 반대가 각각 입론과 반론의 과정을 거치고 중간에 질의 응답 형태의 교차 조사나 교차 질문을 하는 다소 복잡한 형태를 갖추고 있습니다. 교차 조사식 토론의 대표라고 할 수 있는 세다 토론을 비롯하여 칼 포퍼 토론이나 퍼블릭 포럼 디베이트 등이 여기에 속합니다. 이런 토론들은 각각의 취지를 잘 살리면 교육적인 의미가 크지만 문제는 일반 대중이나 학생들이 배우기가 쉽지 않다는 점입니다.

만약 학교에서 학생들에게 대립 토론을 가르친다면 어떤 방식의 토론에서 시작하는 것이 좋을까요? 그 해답의 열쇠를 바로 고전식 토론에서 찾을 수 있습니다.

고전식 토론은 1800년대 초반 미국과 유럽에서 시작된 것으로 알려져 있지만 최초의 기원이나 어원은 확인하기 어렵습니다. 우리가 '고전'이라는 말을 쓰는 것은 이 토론이 형식화된 토론으로서는 가장 오래된 것으로 알려져 있기 때문입니다.

고전식 토론은 가장 단순하면서도 전통적인 대립 토론의 원형을 담고 있습니다. 고전식 토론은 오늘날의 복잡한 토론과 달리 찬성 측만 입론을 준비하고 반대 측에서는 찬성 측의 입론에 대한 날카로운 반론을 펼치는 것으로 토론을 진행한다는 특징이 있습니다. 즉 찬성 측이 입론을 시작하면 그 뒤로는 양측이 번갈아 가면서 앞 사람의 논점과 논거에 대해서 구체적인 반박을 계속 이어가는 것입니다. 이러한 점에서 고전식 토론은 매우 쉽고 단순하다고 볼 수 있습니다.

고전식 토론의 형식

고전식 토론의 순서를 구조화하면 다음과 같습니다.

- 찬성 1 - 입론(핵심 용어를 정의하고 주장의 근거들을 제시한다.)
- 반대 1 - 반론(새로운 입론을 하지 않고 찬성 측이 제시한 주장과 근거를 반박한다. 이후로 상대방의 논점과 논거를 파악하면서 지속적으로 반박이 이어진다.)
- 찬성 2 - 재반론
- 반대 2 - 재반론
- 반대 2 - 추가 반론
- 찬성 2 - 추가 반론
- 반대 1 - 최종 변론(앞선 반론의 과정을 통해 자신들이 내세우고자 하는 주장의 핵심을 다시 압축, 요약, 강조해서 발언한다.)
- 찬성 1 - 최종 변론(반대와 마찬가지로 찬성 측의 입장에서 핵심을 압축, 정리, 요약, 강조해서 발언한다.)

이처럼 양측이 번갈아가면서 '찬-반-찬-반-반-찬-반-찬'의 8회 발언으로 간단히 마치는 토론이 바로 고전식 토론입니다.

고전식 토론의 예시

다시 영화 「더 그레이트 디베이터스」를 통해서 고전식 토론의 구체적인 모습을 살펴보도록 하겠습니다.

• 고전식 토론 흐름도

논 제	텍사스 주의 대학들에 흑인들의 입학이 허가되어야 한다.
논의 배경	찬성 측 – 제 파트너와 제가 텍사스 주의 대학에서 흑인의 입학을 막는 것은 잘못된 일일 뿐만 아니라 부조리하다는 것을 증명할 것입니다.
용어 정리	(생략)

입장	찬성 측(흑인 – 와일리 대학)	반대 측(백인 – 오클라호마 대학)
주장 펼치기	1. (주장) 흑인들은 단지 미국이라는 천의 '컬러'가 아닙니다. 그들은 그 모든 것을 함께 붙들어 주는 '실'입니다. (근거1) 합법적이고 역사적인 기록에 의하면 1865년 5월13일 흑인인 크로커 하사는 남북 전쟁에서 죽은 마지막 병사입니다. (근거2) 1918년 첫 번째로 프랑스에서 무공 훈장을 받은 미국 병사는 흑인인 헨리 존슨과 네담 로버츠였습니다. (근거3) 1920년 뉴욕 타임즈는 이후로는 니그로(negro)의 N은 대문자로 쓸 것임을 발표했습니다.	2. (주장)남부 지방이 준비되지 않은 것을 강요하는 것은 아무 성과도 없을 뿐 아니라 더 많은 인종 혐오를 불러옵니다. (근거1) W.E.B. 두 보이스 박사는 아마도 미국에서 가장 저명한 흑인 학자일 것입니다. 그는 말했습니다. "강력한 주류에게 그들이 하지 말아야 할 것을 판단하도록 몰아가려고 하는 것은 돈과 시간과 성질을 어리석게 낭비하는 것이다."
반론하기	3. 제 상대편은 너무 편리하게 진실을 무시하는 것을 선택했습니다. 두 보이스는 하버드라 불리는 백인 대학에서 처음으로 박사 학위를 받은 흑인이죠.	4. 두 보이스 박사는 추가했습니다. "백인 대학에서 흑인이 적절한 교육을 받는 것은 불가능하다."

입장	찬성 측(흑인 - 와일리 대학)	반대 측(백인 - 오클라호마 대학)
재반론 하기	6. 미국에서 대부분의 가장 저명한 흑인 학자들은 아이비리그 교육의 산물입니다. 아시다시피 두 보이스는 백인의 변화에 대한 저항을 아주 잘 알고 있었습니다. 하지만 그것은 흑인을 어떠한 대학에도 들어가지 못하게 하는 이유가 되지는 못합니다. 만약 누군가가 남부 지방이 준비되지 않은 것을 강요하지 않았다면 저는 아직도 쇠사슬에 묶여 있을 거고 여기 사만다 북 양은 자산으로 운용되었을 겁니다.	5. (반대 측의 다시 반박하기는 생략)
주장 다지기 (최종 변론)	8. 학교가 격리되어 있는 한 흑인은 분리되고 불평등한 교육을 받을 것입니다. 오클라호마의 계산에 따르면 그 주에서는 현재 유색인 아이들의 교육 비용보다 백인 아이들의 교육 비용이 5배나 더 많이 지출되고 있습니다. 그것은 유색인 아이들보다는 백인 아이들을 위한 교과서가 더 좋다는 것을 의미합니다. 저는 그것을 수치심이라고 말하겠습니다. 하지만 제 상대편은 오늘이 백인과 유색인이 같은 대학을 가는 날이 아니라고 말합니다. 같은 캠퍼스를 사용할 날이 아니라고요. 같은 교실을 걷는 날이 아니라고요. 좋습니다. 그럼 그날이 언제 오는지 제게 말씀해 주시겠습니까? 내일이면 올까요? 다음 주면 올까요? 100년 안에? 아니오. 정의를 위한 시간은, 자유를 위한 시간은 그리고 평등을 위한 시간은 항상, 항상 바로 지금입니다.	7. 그것을 인정합니다. 그건 사실입니다. 너무 많은 백인들이 인종 혐오라는 병으로 고통을 받습니다. 그리고 인종 차별 때문에 오늘날 남부 백인 대학에서 흑인들이 행복해지는 것은 불가능할 것입니다. 그리고 누군가가 행복하지 않다면 그들이 적절한 교육을 받고 있다고 볼 수 없습니다. 언젠가는 흑인과 백인이 같은 캠퍼스를 걷게 될 날이 올 겁니다. 그리고 우린 같은 교실을 사용할 것입니다. 하지만 슬프게도 그날은 오늘이 아닙니다.

고전식 토론은 기본적으로 찬성과 반대 2명의 참여자를 두고, 사회자(혹은 다수의 청중 참여)가 형식적으로 주도하는 형태를 보입니다.

이 토론에서 각각의 토론자는 입론과 반론의 기회를 얻습니다. 이런 토론의 경우 토론자들은 상대편 주장에 동의하지 않고 끝까지 자신의 주장을 증명해 나가야 합니다.

고전식 토론의 주의 사항

　고전식 토론은 형식이 복잡하지 않아서 배우기가 쉬운 만큼 다소 단순하게 느껴지는 측면도 있습니다. 토론을 처음 공부할 때에는 고전식 토론을 충분히 연습하여 활용하고 어느 정도 익숙해지면 그 다음 단계로 나아가야 합니다. 고전식 토론은 향후 다양한 형태의 토론 기술과 방식을 익히는 바탕이 됩니다. 여기서는 그 다음 단계로 나아가는 몇 가지 사례들을 제시하고자 합니다.

❶ 앞의 영화에서는 토론이 8회 발언에 가서야 완벽하게 끝나지만 고전식 토론을 진행하다 보면 어느 한 쪽이 일방적으로 몰려서 토론이 너무 싱겁게 끝나는 경우가 있습니다. 최종 변론으로 가기 전에 반박이나 재반박 단계에서 토론이 어느 한쪽으로 심하게 기울어지는 경우지요. 권투로 치자면 아마 KO 승이나 기권승에 해당하는 경우입니다. 어느 한 쪽이 더 이상 토론을 진행할 의사가 없는데 강제로 토론을 진행하는 것은 예의에도 어긋나고 당사자들에게도 괴로운 일이겠지요. 이런 경우에 사회자나 청중 등의 심판관들이 토론을 멈추게 하는 경우가 있습니다. 이러한 토론 방식을 직파식 토론이라 합니다. 이미 상대를 확실하게 깨트렸으므로 항복을 선언하거나 다른 논점으로의 변화를 인정하는 방식입니다.

❷ 영화에서 찬성 측 마지막 발언자는 반대 측의 주장을 강력하게 비판하고 있습니다. 하지만 이러한 비판을 나의 주장을 통해서가 아니라 상대방에게 문제점을 직접 물어서 확인한다면 더욱 좋은 토론이 되지 않았을까요? 1960년대 등장한 세다 토론이나 칼 포퍼 토론 등의 토론 방식에는 교차 조사 과정이 포함되어 있습니다. 상대방에게 직접 질문을 던져서 주장과 근거의 사실 여부를 확인하고 오류를 지적해 나가는 것입니다. 나의 주장만을 내세워 내가 강해지기보다는 상대를 약화시켜 나의 주장을 더욱 돋보이게 하는 방식입니다.

❸ 그 밖에도 링컨 더글러스 토론이나 퍼블릭 포럼 디베이트, 의회식 토론 등 고전식 토론을 응용한 토론의 형식은 다양하게 발전하고 있습니다. 어떤 면에서 고전은 고전일 따름입니다. 토론의 기초를 익히고 근간을 세우는 데에는 고전식 토론이 적절하지만 거기에만 사로잡히면 고루하고 낡은 틀을 벗어나지 못하게 됩니다. 우리 조상들이 강조해 온 '온고지신(溫故知新)', '법고창신(法古創新)'의 정신을 살려 새로운 토론 형식을 지속적으로 고민하고 나만의 토론 형식을 만들어 보는 일도 즐거운 토론 공부의 한 방법이 됩니다.

고전식 토론의 활용

  고전식 토론은 대립 토론의 원형이기 때문에 기초만 탄탄하게 공부한다면 여타의 토론들과 결합시켜 다양한 방식으로 발전시켜 나갈 수 있습니다. 그러므로 고전식 토론이야말로 토론의 기초임을 인식하고 제대로 공부해 둘 필요가 있습니다.

  고전식 토론을 자유자재로 진행할 정도가 된다면 2대 2의 토론 형식을 3대 3이나 4대 4로 바꾸어 보다 많은 사람들을 토론에 참여하게 하거나, 고전식 토론 단계에서 할 수 없는 질문 과정을 토론 중간중간에 넣어 볼 수도 있습니다. 또 고전식 토론은 찬성과 반대의 입장이 급박하게 번갈아 가면서 전개되므로, 상대방 토론자가 제시한 논거의 문제점이나 오류 등을 따로 정리해 볼 수 있도록 각각의 단계가 끝날 때마다 숙의 시간을 임의적으로 부여할 수도 있습니다.

8

화이부동을 지향하라

– 원탁 토론

영희 너희들 사르트르라고 들어 봤니?

철수 갑자기 웬 사르트르?

영희 사르트르가 말하기를 우리 인간은 'B'와 'D' 사이를 살아가면서 'C'를 이루는 사람이래.

진수 'B'와 'D'는 뭐고, 'C'는 또 뭐야?

영희 'B'는 'BIRTH', 즉 탄생이고, 'D'는 'DEATH', 즉 죽음. 그럼 'C'는 뭘까? 너희들이 아는 'C'를 한번 이야기해 보렴.

진수 'CREATION' 아닐까? 인간은 늘 무언가를 창조하니까.

수연 나는 'CIRCLE'이라고 생각해. 세상은 돌고 돌잖아?

철수 야, 다들 대단하구나! 나는 'CHANCE'라고 생각해. 인생은 기회를 잘 잡아야 하니까.

영희 그래, 다들 좋은 대답이구나. 하지만 사르트르가 한 말은 그게 아니야. 바로 'CHOICE'래!

철수 선택?

영희 그래, 인간은 끝없는 선택의 연속 속에서 살아간다는 거지. 그래서 내가 네 가지 선택의 길을 제안할 테니 하나씩 선택해 보라고. 그리고 그걸 바탕으로 토론을 해 보는 거야.

진수 좋아, 어디 이야기해 봐.

영희 인간의 삶에서 가장 중요한 것 하나를 꼽는 거야! 하나는 과학, 하나는 예술, 하나는 문학이나 철학, 마지막으로 다른 하나는 경제야. 이 중에서 하나만 골라 봐!

진수 나는 아인슈타인을 좋아하니 과학을 선택할래.

수연 그래? 나는 예술.

철수 나는 세상에 돈이 없으면 안 된다고 생각하니 경제를 선택하겠어.

영희 자, 이제 각자의 입장을 정했으니 그 입장의 근거가 얼마나 구체적이고 확실한지 원탁 토론을 통해 확인해 볼까?

진수 원탁 토론? 그거 어떻게 하는 건데?

영희 원탁 토론은 일대다 혹은 다대다 토론으로, 서로 다른 의견을 가진 토론자들이 돌아가면서 자기주장과 근거를 말한 후 자기 외의 나머지 토론자들과 논리적 공방을 겨루는 토론이지.

철수 그러니까 나는 경제를 선택했는데, 과학이나 예술 혹은 문학을 선택한 사람들도 있으니, 그 사람들에게 왜 경제가 더 중요한지 설득하면서 공방을 하는 토론이라는 거구나.

수연 예술을 선택한 나는 그 입장에서 마찬가지 역할을 하는 거고?

영희 그렇지! 자, 여기 녹취록을 나누어 줄게. 그리고 내가 진행 방법을 설명해 줄 테니 녹취록을 보면서 잘 들어 봐. 자, 시작해 보자고!

원탁 토론의 취지

우리 사회가 '소통'은 없고 '소탕'만 있다는 말을 종종 합니다. 나는 옳고 너는 틀리다는 생각이 팽배하기 때문이죠. 이게 다 이념 문제로 오랫동안 갈등을 겪어 온 우리 역사 속에서 우리 편이 아니면 모두 적이라는 이분법적 사고가 널리 퍼져 있기 때문인 듯합니다.

토론은 기본적으로 대립적인 논쟁의 틀을 바탕으로 합니다. 하지만 대립성을 바탕으로 하더라도 나의 옳음만을 주장하고 남을 배제하는 것은 아닙니다. 상대방을 포용하면서 한 차원 높은 단계로 나아가는 토론도 있습니다.

옳고 그름보다는 다양한 입장의 차이를 인정하며, 상대방의 이야기를 들으면서 자신의 생각을 심화, 발전시켜 나갈 수 있는 토론 방법이 있다면 좋지 않을까요?

원탁 토론은 나는 옳고 상대방은 틀리다는 관점에서 출발하는 토론이 아닙니다. 각자의 견해가 다르다는 사실을 인정하는 토론인 것이지요. 그렇기에 다양한 견해를 듣고 자신의 생각을 더 넓고 깊게 다듬어가는 데 아주 유효합니다.

혹시 이 책을 읽는 분들은 '다름'과 '틀림'을 잘 구분해서 말을 하시나요? 우리나라 사람들의 어법 가운데 흔히 눈에 띠는 잘못 가운데 하나가 바로 '다르다〔異〕'와 '틀리다〔誤〕'를 정확히 구분하지 못하는 것입니다. 예를 들면 "너는 성격이 참 조용하네. 나랑 틀리구나." 혹은 "너는 홍어 삼합을 좋아한다고? 나는 피자를 즐겨 먹는데, 식성이 나랑 많이 틀리네?" 등과 같은 경우이죠.

성격이나 취향, 기질, 가치관 등은 사람마다 경험과 개성에 따라 얼마든지 다를 수 있는데, 많은 사람들은 그것을 '틀리다' 라고 말합니다. 실은 이런 말이야말로 정말 '틀린' 것이지요. 이런 것들은 누가 맞고 틀린 것이 아니라 서로 다를 뿐이니까요. 식성을 이야기하는데, 피자면 맞고 홍어 삼합이면 틀리다고 말할 수는 없는 것이지요.

이런 언어 습관은 어떻게 만들어졌을까요? 많은 사람들이 이런 사고의 바탕으로 이분법적 사고를 제시합니다. 나와 너, 남자와 여자, 물질과 정신, 아군과 적군 등 세상의 모든 이치와 사물들을 둘로만 나누어 보려는 사고가 바닥에 깔려 있다는 것이지요. 그냥 나누어 볼 뿐만 아니라 대립적으로 보기도 합니다. 그러다 보니 그 둘 가운데 자신이 속한 것은 옳고 상대방이 속한 것은 인정하지 않으려는 태도가 형성되었고, 그게 말로 나타나게 되었다는 것입니다. 우리나라가 일제 강점기를 거치고 남북이 분단되면서 그런 사고가 역사적으로 굳어졌다고 말하는 사람도 있습니다.

원탁 토론은 이런 이분법적 사고와 대립적인 사고를 넘어서 양자간 혹은 다자간의 다양한 의견을 나누기에 적합한 토론입니다. 그래서 원탁 토론의 제일 명제는 "한 사람이 열 권의 책을 읽는 것보다 열 사람이 한 권의 같은 책을 읽고 문답, 대화, 토의, 토론하는 것이 더 교육적이다."입니다.

토론의 목적은 한 개인의 심화된 의식만을 추구하는 데 있는 것이 아니라, 다양한 사람들이 같이 의견을 모으고 나누는 과정 속에서 서로 배워 가는 데 있습니다. 원탁 토론의 정신 속에는 이처럼 함께 나

누고 배우며 살아가는 공동체 정신이 강하게 담겨 있습니다.

　우리가 잘 아는 공자님의 유명한 말씀 중에 "군자(君子)는 화이부동(和而不同)하고, 소인(小人)은 동이불화(同而不和)한다."라는 말이 있는데, 좀 거창하게 말하면 원탁 토론은 군자를 지향하는 토론이라 할 수 있습니다. '동이불화(同而不和)'라는 말은 '동일성(同一性)' 혹은 '획일성(劃一性)'의 논리로 상대방을 나의 입장에 억지로 끌어넣으려 하되 서로 '화합하지 못하는〔不和〕' 상태를 말합니다. 반면 '화이부동(和而不同)'은 조화를 추구하되, 모두가 똑같을 필요가 없다는 말입니다. 즉 서로 다름을 인정하면서도 함께 화합하는 정신을 말합니다.

　논리적으로 대립성이 강한 많은 토론들이 상대방을 제압해 이기려는 데 목적을 두고 있다면, 원탁 토론은 태도, 내용, 목표 등 모든 측면에서 참여자들이 함께 화합하는 것에 목적을 두고 있으니까요. 그런 의미에서 원탁 토론의 취지를 한마디로 줄인다면 '화이부동(和而不同)'이라고 할 수 있습니다.

원탁 토론의 방법

자, 그럼 원탁 토론의 방법을 구체적으로 알아볼까요? 120쪽에 제시되어 있는 녹취록을 참고하면서 흐름을 들어 보시면 누구나 쉽게 하실 수 있을 것입니다.

1) 모둠 구성 및 자리 배치

일단 원탁 토론을 하기에 적절한 숫자는 4~6명입니다. 물론 경우에 따라서는 열 명이나 그 이상도 가능하지만, 교실 토론에서는 6명 정도가 가장 적당하며 처음 토론을 배울 때는 4명부터 시작하는 것이 교육적 효과를 더할 수 있습니다. 좌석 배치는 원형이 가장 좋지만, 꼭 원형이 아니더라도 서로의 얼굴을 다 볼 수 있는 '디귿(ㄷ) 자'나 '브이(V) 자' 형태도 가능합니다.

2) 녹취록 사전 정리하기

녹취록의 맨 윗부분을 보면 논제, 토론 시기, 기록자 등의 내용을 채우도록 되어 있습니다. 먼저 그 부분을 충실히 채웁니다. 그다음 줄을 보면 네 칸으로 되어 있는데, 이는 네 사람이 토론을 하는 경우에 맞춘 것입니다. 한 모둠이 여섯 명으로 구성되어 있다면 칸을 여섯으로 해야겠지요. 네 칸으로 되어 있는 곳에 토론하는 사람들의 이름을 쓰면 되는데, 사회자의 진행에 따라 토론자들이 자기소개를 할 때 칸마다 한 사람씩 이름을 적으면 됩니다.

3) 1차 발언 준비

원탁 토론의 1차 발언은 보통 찬반 토론의 입론에 해당합니다. 학생들이 미리 별도의 입론서를 준비해 온 경우에는 그것을 활용하고, 그렇지 않은 경우에는 자기 이름 아래의 1차 발언 칸에다가 논제에 대한 각자의 입장에 대한 근거를 2~3가지 정도 적게 합니다.

4) 사회자 토론 전개

1차 발언이 준비가 되었으면 사회자는 "자, 지금부터 ~라는 주제에 대한 토론을 시작하겠습니다. 1차 발언 시작할까요? 누가 먼저 하시겠습니까?"라고 말하면서 토론을 시작합니다.

5) 1차 발언

원탁 토론의 경우 발언의 순서가 특별히 정해져 있지 않습니다. 순서나 방향에 상관없이 토론자들은 전원이 돌아가면서 한 번씩 자기 입장과 근거를 말합니다. 입론에서는 보통 중요한 용어의 개념이나 핵심 근거들을 제시합니다.

6) 2차, 3차 발언

1차 발언이 끝나면 사회자는 "1차 발언 잘 들었습니다. 2차 발언을 시작하겠습니다. 2차 발언은 자기의 주장과 근거를 말하기보다는 다른 토론자의 입장과 근거의 문제점에 대해서 반론, 질문을 하는 시간입니다. 방식은 마찬가지로 돌아가면서 한 사람씩 전원이 말하는 것입니다. 즉문 즉답은 할 수 없으므로 자기 차례가 오면 자기가 원하는 상대를 대상으로 충분히 질문과 반론을 해 주십시오."라고 말합니다. 3차 발언도 마찬가지로 진행합니다.

1차 발언이 아카데미식 대회형 토론의 입론에 해당한다면 2, 3차 발언은 반론과 재반론 혹은 교차 질문과 대답하기에 해당한다고 볼 수 있습니다.

7) 정리 발언

3차 발언이 끝나면 이번에는 정리 발언 차례입니다. 정리 발언은 그동안의 토론 내용을 종합, 심화, 요약하는 것입니다. 가능하면 인상적인 표현으로 자신의 주장을 마무리합니다. 중간에 반론을 들었으므로 반론을 고려한 내용을 심층적이면서도 간결하게 이야기합니다. 토론 과정에서 자신의 생각이 달라졌다며 그것을 솔직하게 말할 수 있는 것도 원탁 토론의 특징 가운데 하나입니다.

8) 토론 소감 나누기

정리 발언을 마치고 나면 손뼉을 치면서 서로 격려하고, 사회자는 토론 소감을 듣습니다. 토론을 하면서 느낀 점, 배운 점, 어려웠던 점

등 토론의 교육적 가치를 확인하는 차원에서 소감을 듣고 정리합니다.

원탁 토론을 할 때에는 모든 토론자에게 발언 기회와 시간을 균등하게 분배합니다. 원탁 토론은 논제가 대립적일 때 찬반 토론으로 응용이 가능합니다.

원탁 토론의 사회자

원탁 토론의 사회자는 다음과 같은 역할을 합니다.

먼저 토론의 취지와 주제를 설명하고 토론자들이 자기소개를 하도록 안내합니다. 예를 들면, "오늘 토론은 원탁 토론입니다. 원탁 토론은 대립보다는 조화를 중요시하는 토론으로, 상대방의 발언을 귀 기울여 듣고 서로의 생각의 차이를 존중하면서 주장과 근거가 다른 부분에서는 상대방의 논거를 반박, 비판합니다. 오늘의 주제는 '일과 중에 학교에서 애정 행위를 한 학생을 처벌해야 하는가?' 입니다. 그럼 오늘 토론에 참여한 네 명의 토론자들께서는 자기소개를 해 주시기 바랍니다."처럼 말하면 됩니다.

토론자들이 자기소개를 마치면 순서에 맞추어 토론을 진행합니다. 예를 들면, "그럼 지금부터 토론을 시작하겠습니다. 정리된 토론자들부터 1차 발언 시작하시면 됩니다. 누가 먼저 하실까요? 네, 박소혜 토론자."처럼 말하면서 토론을 진행합니다. 2, 3차 발언도 같은 방식으로 진행합니다. 1차는 준비된 입론을 중심으로, 2차와 3차 발언은 반박과 비판을 위주로 하고 질문 형식도 가능합니다. 단, 즉문 즉답은 할 수 없으므로 질문이나 대답은 자기 발언 순서에 하도록 합니다.

공개 토론의 경우, 3차 발언을 마치면 사회자는 방청석으로 나가 방청석 토론을 진행합니다. "예. 이렇게 해서 3차 발언을 모두 마쳤습니다. 그럼 수고해 주신 토론자들께 일단 박수 보내 주시고요, 지금부터는 방청석에 계신 청중들, 배심원들의 의견이나 질문을 듣는 시간입니다. 누가 해 주시겠습니까? 시간은 한 분당 2분 정도 드리겠습니다."라고 말하면 됩니다. 청중, 배심원은 토론 전체의 시간에 맞추어서 대략 3~5명 정도로 적당히 지명합니다.

방청석 토론에서도 즉문 즉답은 하지 않고 의견과 질문을 다 들은 후 정리 발언 시간에 토론자들이 대답과 정리 발언을 겸해서 말하도록 합니다. 정리 발언을 마치고 나면 토론자들의 소감을 듣고, 인사말과 함께 토론 전체를 마무리 짓는 발언으로 토론을 마칩니다.

원탁 토론 시 주의 사항

원탁 토론의 형식상 가장 큰 특징은 전원이 돌아가면서 동일한 발언 기회를 갖는다는 점입니다. 그러다 보니 토론이 좀 늘어지는 감이 있고, 박진감이 부족하다는 느낌을 받기도 합니다. 그런 점 때문에 원탁 토론을 하기 전에는 원탁 토론의 근본 취지나 토론을 생동감 있게 이끌어 나가기 위한 방법을 알아야 합니다.

또 앞에서 언급한 원탁 토론은 주로 모둠 토론에서 활용하는 방식을 뼈대로 했는데, 공개 토론을 진행할 때는 약간의 다른 기술적인 응용이 필요합니다. 이런 점들을 고려하면서 원탁 토론을 진행할 때 주의해야 할 사항을 살펴보겠습니다.

❶ 원탁 토론을 진행해 보면 크게 두 가지 유형의 반응이 나타납니다. 긴박감이 떨어지고 토론이 좀 더디게 진행되어 재미없다는 사람과 여유 있게 생각하면서 충분히 자기 의견을 말할 수 있어 좋다는 사람으로 나뉩니다. 원탁 토론은 참가자 전원이 차례로 돌아가면서 말하는 방식이므로, 호흡을 유연하게 조절하며 진행한다는 것을 미리 말해 줍니다.

❷ 원탁 토론은 아카데미식 대회형 토론의 2대 2, 3대 3 방식이 아니라 1대 다수 혹은 다대 다수 방식의 토론입니다. 자신과 다른 의견을 가진 토론자 전원이 자신의 토론 상대이므로 2, 3차 발언은 특정한 대상이 아니라 여러 명을 상대로 할 수 있습니다. 다만 발언 시간이 한정되어 있으므로(1회 발언 시간은 중학생은 1분에서 2분, 고등학생은 2분에서 3분이 적절합니다.) 자신의 발언 시간을 누구를 상대하면서 효과적으로 사용할지를 잘 정해야 합니다.

❸ 원탁 토론은 토론과 토의 둘 다 가능한 방식이므로 논제의 성격에 따라서 토론자 내부에서 자연스럽게 팀이 형성될 수도 있고, 혹은 토론자 전원이 모두 다른 의견을 제시하며 토론을 할 수도 있습니다.

❹ 토론을 하다 보면 중간에 질문을 하고 바로 대답을 들으려고 하는 경우가 있는데, 원탁 토론에서는 즉문 즉답을 허용하지 않는 것이 원칙입니다. 즉문 즉답을 허용하면 두 사람만 계속해서 발언을 주고받는 상황이 발생합니다. 질문이 있을 경우, 자기 발언 시간을 충분히 활용해서 하고, 대답은 상대방 발언 시간 때에 듣습니다. 누구나 돌아가면서 발언할 수 있기 때문에 한 박자 쉬고 생각을 정리한 뒤에 대답과 반론을 할 수 있습니다.

❺ 다른 토론과 마찬가지로 녹취록에는 핵심적인 내용만 기록하고(원탁 토론 녹취록은 인원수만큼 칸을 나누어 놓았기 때문에 토론자의 이름 아랫부분을 따라 내려가면서 녹취를 하는 것이 특징입니다.) 다른 토론자들의 발언을 잘 들어 주는 태도를 보여 줍니다.

❻ 원탁 토론의 사회자는 내용에 개입하지 않고 형식적인 진행만 하되, 토론이 정체될 경우 토론자 전체에게 새로운 논점을 제시하라고 요구할 수 있습니다. 원탁 토론은 토론자들이 논점을 스스로 만들어 가면서 토론할 수 있습니다.

❼ 원탁 토론은 논리적으로는 날카롭게 대립해도 궁극적으로는 상대방의 말을 잘 듣고 이해와 사고의 폭을 넓히는 데 그 목적이 있습니다. 그래서 토론 중간에 입장이 바뀌는 것을 허용합니다. 설득을 당하면 설득을 당해서 자기를 변화시켰다는 용기를 보여 주는 것입니다. 그러니 지나치게 승패에 매달리지 않도록 해야 합니다.

❽ 원탁 토론을 할 때에는 자신의 논리만 무조건 펴 나가기보다는 토론 전체의 흐름을 고려해야 합니다. 다른 토론자들이 중심으로 삼

고 있는 논점을 파악하고, 앞으로 어떤 논점으로 토론을 심화해 가면 더욱 의미가 있겠는지 판단을 하면서, 토론의 전체 흐름을 조율해 나가는 것입니다. 약간 고급스러운 단계이기 때문에 처음부터 이 부분을 의식할 필요는 없지만, 이런 흐름이 적어도 토론의 수준을 높여 나가는 한 과정임을 이야기해 주는 것도 좋습니다.

❾ 공개 토론의 경우 3차 발언이 끝나면 방청석 토론을 진행할 수 있습니다. 방청석에 있는 사람이 토론자들에게 개별 질문이나 전체 질문을 할 수 있습니다. 질문이 아니라 반론도 할 수 있습니다. 이 경우에도 발언 시간을 너무 길게 주지 않고 토론자들의 1차 발언 시간과 동등하게 합니다. 발언자 수가 많으면 1분 정도로 제한합니다. 방청석에 있는 사람이 토론자들에게 질문을 해도 개별 답변은 하지 않습니다. 역시 즉문 즉답을 할 수 없다는 말입니다. 토론자들은 잘 듣고 있다가 마지막 정리 발언 시간에 짧게 대답을 하고 자신의 발언을 마무리합니다.

원탁 토론의 활용

가. 원탁 토론의 논제에 따른 응용

원탁 토론은 토의와 토론의 성격을 겸하고 있어, 가치 명제나 정책 명제 어디에나 사용이 가능합니다. 의견을 공유하고 진정성 있는 내

면의 이야기를 나누려면 가치 명제를 논제로 삼고, 대립 토론의 형식으로 사회 현안을 다루고자 한다면 정책 논제를 통해서 토론의 성격을 조정할 수 있습니다.

나. 원탁 토론과 학급 상담

원탁 토론은 누구나 돌아가면서 발언하는 형식이라 학급에서 학생들을 소모임으로 구성하여 집단 상담을 하는 데도 용이합니다. 교사가 제시한 특정 주제에 대해서 모두가 돌아가면서 말을 하다 보면, 서로가 모르는 점들을 발견하고 더 깊이 이해할 수 있습니다.

어른들의 경우에도 3차 발언을 넘어서 5차, 6차까지 나아가다 보면 자기 안에 있는 고민들과 의견들이 솔직하게 나오면서 원탁 토론이 집단 상담으로 이어지는 경우를 볼 수 있습니다. 그러기 위해서는 무엇보다 편안한 분위기를 조성하고, 참가자들이 열린 마음을 갖도록 하는 것이 중요합니다.

• 원탁 토론 녹취록

• 일시 : 　　년　　월　　일　　　　• 장소 :				
• 주제 :				
• 사회자 :　　　　　　　　　　　• 기록 :				
	❶ 각각 자신의 이름을 적는다. 이름 옆에는 (　) 표시를 하고 그 안에 '찬성' 또는 '반대'의 입장을 적는다.			
1차 발언	❷ 입론으로 자신의 의견과 주장 및 근거를 제시한다. 이름 아래 그 토론자가 한 말을 적는다.(2분 30초)			
2차 발언	❸ 다른 토론자의 견해를 반박, 질문한다. 중학생의 경우 1차 발언을 마치고 정리 시간을 주는 것도 좋다.(2분)			
3차 발언	❹ 2차 발언에서 받은 질문에 대한 대답과 반론에 대해 다시 반박한다.(2분)			
정리 발언	❺ 반론을 고려하여 자신의 의견을 최종적으로 제시한다. 적절한 비유와 인용을 통해서 강조한다.(1분)			
평가	❻ 토론의 내용에 초점을 맞추기보다 토론 자체의 소감을 나누는 것에 집중한다.			

9

원탁 토론에 사회자의 역량을 더하여

– 이야기식 토론

철수 (한숨을 길게 내 쉬며) 휴우, 정말 실망이다. 실망!

영희 왜 그렇게 한숨을 쉬고 있니?

철수 아니, 내가 지구별 토론 대회에 나갔다 왔는데, 대회 진행이 생각한 것과 아주 달라서 말이야. 너무 당황했거든.

영희 그래? 보통 토론 대회를 할 때는 안내문에 주제나 방식 등이 자세히 설명되어 있잖아!

철수 그래. 나도 그걸 보고 준비를 했는데, 직접 해 보니 영 아니더라니까!

영희 뭐가 문제였는데?

철수 토론 주제가 '기여 입학제를 허용해야 한다.'였어. 준비를 위해서 책을 두 권 선정해 주었는데, 하나는 동양 고전인 『채근담』이고, 다른 하나가 『청소년이 읽는 목민심서』였어. 그리고 토론 방식은 세 명이 한 팀이 되는 3대 3의 세다 방식, 즉 교차 토론 방식이었지.

영희 그래서?

철수 우리 팀은 책을 열심히 읽고 책 내용을 어떻게 해서든지 기여 입학제라는 주제와 연결해서 토론을 하려고 했지.

영희 그렇지, 그게 당연한 거잖아.

철수 그런데 막상 토론을 해 보니 다른 학교 친구들은 책을 제대로 읽어 왔는지 의심스럽고, 정작 토론 진행 과정 속에서는 책에 대해서 한마디도 안 하더라고…… 기껏해야 맨 마지막 결론 부분에서 다산 정약용 선생께서 이런 말을 했다, 뭐 그 정도랄까.

영희 음. 책을 읽고 책 내용을 깊이 다루지 않고 막연하게 주제랑 연결을 해 봐라, 그런 거였구나.

철수 그래. 책의 성격도 주제와 잘 연결이 되었는지 명확하지 않고…….

영희 그건 토론 방식을 잘못 연결했거나, 진행이 미숙했다고 볼 수밖에 없겠다. 보통 토론에서 책을 직접적으로 제시할 때는 그걸 토론 내용 속에서 구체적으로 다루어야 하는데…….

철수 책을 읽고 토론하는 건 어느 토론이든지 가능하겠지만, 책 속의 내용을 아주 구체적으로 다루는 방법으로 좋은 것이 있을까?

영희 이번에 읽은 책을 자세히 다루지 못한 게 못내 아쉬운 모양이구나. (잠시 생각하며) 음~ 내가 알기로는 '이야기식 토론'이라는 것이 책의 내용을 사회자가 질문 형태로 다루어서 토론자들이 활발하게 토론하는 거라고 알고 있는데.

철수 이야기식 토론이라고?

영희 그래, 책 읽은 내용을 서로 이야기하면서 그 가운데서 쟁점을 잡아서 토론하는 거지.

철수 그래, 나한테는 그게 딱 맞을 것 같은데. 한번 선생님께 가서 여쭈어 보자.

영희 그래. 이야기식 토론이 어떤 건지 나도 자세히 알고 싶었는데, 너 덕분에 잘 알아봐야겠다. 같이 선생님께 가 보자!

이야기식 토론의 취지와 특징

토론에 앞서 특정한 주제를 담은 책을 토론의 주요 자료로 제시하는 경우가 많습니다. 하지만 책을 읽고 토론을 하더라도 정작 대부분의 토론은 논제와 책이 분리되어 책 속의 내용들이 풍부하게 논의되는 경우가 많지 않습니다. 우리가 흔히 독서 토론이라고 하지만 독서와 토론이 분리되는 경우가 많기 때문입니다. 토론을 독서와 연계할 때, 토론을 책 내용과 구체적으로 연결하려면 어떤 방법이 좋을까요?

책 내용에 대해서 토론자들이 감상을 말하고, 그 안에 있는 내용에 대한 구체적인 질문을 받는다면, 토론이 산으로 가지 않고 책 안에서 길을 잘 찾겠지요. 이야기식 토론은 사회자가 책의 내용은 물론 배경지식과 삶과의 연관성 등을 묻기 때문에, 책 자체는 물론이고 독후 감상처럼 자신의 생각을 가다듬고 확장하는 데 아주 유익합니다.

우리는 흔히 토론하면 매우 어렵고 딱딱하게 생각합니다. 토론이 논리적 싸움이니만큼 부드럽고 화기애애하기는 쉽지 않겠지요. 하지만 토론의 고수들은 토론을 하면서도 즐길 수 있고 심지어 유머를 통해 남을 즐겁게 해 줄 수도 있습니다.

그러기 위해서는 토론자의 역량도 중요하지만 토론 방식도 매우 커다란 영향을 끼치는데, 예를 들어 긴박한 교차 질문식 토론에서 유머가 넘치는 촌철살인의 토론을 기대하기는 어렵겠지요. 반면 형식이 좀 느슨하고 발언 기회가 자주 돌아오지 않는, 그래서 여유가 좀 있는 토론이라면 생각할 시간이 많이 주어지므로 토론이 편안하게 진행됩니다.

그렇게 차 한 잔 마시면서 여유 있게 담소하듯, 그러면서도 냉정한 논리와 뼈 있는 공방을 주고받을 수 있는 토론이 바로 '이야기식 토론'입니다. 이야기식 토론은 주어진 텍스트에 충실하게 토론하는 것이므로 책 내용을 풍부하게 인용할 수 있어, 말 그대로 책 속의 내용을 이야기하듯 자연스럽게 나눌 수 있습니다.

이야기식 토론의 핵심은 사회자의 발문에 있는데, 이 또한 책의 내용을 얼마나 깊이 있고 꼼꼼하게 생각하면서 읽었는가를 확인하는 작업입니다. 우리는 독서 토론을 할 때 각자가 책 읽은 소감을 말하고, 책 내용을 정리해서 발제를 하고, 그 안에서 논제를 찾아서 다양한 의견을 나눕니다. 이 과정을 압축적으로 다듬은 방식이라고 이해하면 이야기식 토론이 쉽게 다가올 것입니다.

이야기식 토론의 방법

이야기식 토론도 원탁 토론처럼 기본 숫자는 4~8명 정도로 모둠 구성을 합니다. 그리고 사회자와 토론자가 전체적으로 크게 원형을 그리며 둘러앉습니다. 이야기식 토론에서는 사회자가 반드시 있어야 합니다. 원탁 토론의 사회자는 형식적인 진행 절차만을 준수하면서 가벼운 역할을 한다면, 이야기식 토론의 사회자는 처음부터 끝까지 토론의 주도권을 쥐고 질문을 해 나가야 하기 때문에 사회자의 역할과 비중이 어느 토론보다 크다고 할 수 있습니다.

1) 사회자의 발문

사회자는 가볍게 책의 내용을 정리, 요약하여 설명한 후, 준비된 발문 중 배경지식에 관련된 발문으로 토론자들의 마음을 열어 줍니다. 그리고 책의 저자, 주요 사건, 핵심 내용과 관련된 지식들을 묻습니다. 토론자들에게는 기회를 균등하게 줍니다. 토론자들에게 할당된 발언 시간이 딱 정해진 것이 아니기 때문에 시간 안배를 잘해야 합니다.

2) 발언자의 역할

토론자는 자신에게 발언의 기회가 주어지면 다른 토론자의 의견이 자신의 생각과 다를지라도, 자신의 견해를 논리적으로 말합니다. 즉석에서 다른 사람에게 자기주장을 말하거나 반박을 하고, 발언하지 않을 때는 다른 토론자의 발언 내용을 정리, 요약합니다.

3) 발언 기회와 시간

1차 발문은 1분 30초 동안 발언하고 토론자들에게는 최대 두 번의 발언 기회가 주어집니다. 2차 발문은 2분 동안 발언하고 마찬가지로 토론자들은 두 번까지 발언할 기회를 갖습니다. 3차 발문도 2분 동안 발언하고 두 번의 기회가 주어집니다.

4) 원탁 토론과의 차이

원탁 토론은 의무적으로 각 차시별 발언 기회가 단 한 번씩 주어지기 때문에 토론자들 상호간에 시간의 차이가 없습니다. 하지만 이야기식 토론은 각 차시당 총 토론 시간이 정해져 있고 한 사람의 발언 횟수는 2회 이하이기 때문에 다른 사람이 두 번 발언하는 동안 본인은 한 번도 발언을 못할 수도 있습니다. 최소한 한 번은 발언을 할 수 있도록 적극적인 참여가 필요합니다.

다음은 『논어, 사람의 길을 열다』(사계절, 2005)를 읽고 토론한 내용을 바탕으로 이야기식 토론의 진행 순서를 정리한 것입니다.

진행 순서	발언 순서	시간	발문 요령	응답 요령
진행 방법 안내	진행자의 안내	3분	웃으면서 가볍게 말하기	마음을 여는 자세로 말하기
자기소개	1번 - 끝번	5분 내외	웃으면서 가볍게 말하기 (이름, 학년 등 소개)	인상 깊게 자신을 소개하기 (심사 대상 아님)
배경지식 질문	자유	30분	다양한 배경지식 꺼내기 (공자 시대, 인물, 책에 대한 소감)	교과서 내용, 사회 현실 관련 지식, 다른 독서 내용에서 배경지식 창의적으로 꺼내기
텍스트 내용 질문	자유	35분	책을 읽었는지 확인 질문 (논어의 인과 군자 중심 - 2단계부터 토론 유도)	책 내용 중심으로 답변하되 응용 가능
텍스트 관련 질문 (인간 삶과 사회)	첫 문제 모두, 두 번째 희망자 중심 발언	40분	토론 중심 진행 (공자 사상의 현대적 의미, 당대와 오늘날, 덕치와 법치 등)	독서 내용을 인간 삶이나 사회 문제와 연결하여 생각을 분명하게 나타내기
독서 토론 소감	자유롭게	5분 내외	소감	구체적으로 좋은 점과 보완할 점 말하기
학생 상호 평가 (중등) 및 교사 평가	평가지 활용	3분 내외	공정한 평가 안내	활동지에 따라 평가하기

〈이야기식 토론의 진행 순서〉

이야기식 토론의 발문법

가. 배경 지식과 관련한 질문

　이야기식 토론은 사회자가 3단계로 질문을 하면서 토론을 진행합니다. 이야기식 토론의 시작 단계에서 먼저 제시되는 질문은 배경지식과 관련된 질문입니다. 배경지식의 확인은 브레인스토밍 차원에서 토론자들이 텍스트의 주제에 대한 접근을 어떻게 하고 있는가를 탐색하는 과정입니다.

　다음은 토론을 다룬 영화 「그레이트 디베이터스」를 예로 들어 발문의 종류를 정리해 본 것입니다. 미국 남부에 있는 흑인 대학인 와일리의 지도 교수 톨슨은 토론 팀을 이끌고 토론 대회에 출전합니다. 토론자 4명을 뽑아 훈련을 시키는데, 2명은 주 토론자, 1명은 보조 토론자, 1명은 논거를 이론적으로 정리하는 사람입니다.

　이 영화는 1930년대 미국 현실을 배경으로 합니다. 흑인들이 인종 차별을 받으면서 토론을 통해 흑인들 자신의 인간됨과 권리를 찾아나가는 영화이지요. 이 영화의 중요한 열쇠말은 토론과 흑인 그리고 자유, 평등, 인권입니다. 그에 따른 배경지식 질문으로 다음과 같은 것들이 있겠지요.

❶ 흑인하면 생각나는 단어는 무엇인가요?
❷ 흑인과 토론은 잘 연상이 되나요?

❸ 토론을 할 때, 가장 중요한 것은 무엇인가요?

❹ 미국에서 토론의 역사는 얼마나 되었을까요?

❺ 미국 토론의 역사에서 선구자 역할을 한 사람은 누구일까요?

❻ 미국 흑인 운동의 역사에서 중요한 역할을 한 사람은 누구일까요?

이런 질문을 받으면 토론자들 가운데 대답을 할 수 있는 사람이 의사 표현을 하고 자기 의견을 2분 정도 이내로 말합니다. 이야기식 토론의 발문은 주로 열린 질문의 형태이기 때문에 정답을 말한다기보다는 다양한 의견을 공유합니다.

자신과 다른 견해가 나오는 경우에는 다른 토론자의 의견에 대한 반론의 형태로 말을 할 수도 있습니다. 가령 자살에 관한 책을 읽었는데, 자살에 대한 배경지식 질문에서 자살에 대한 의견을 묻는다면 토론자에 따라 자살을 달리 해석할 수 있고, 그러면 반론을 포함해서 다양한 견해가 나올 수 있겠지요.

이렇게 해서 한 사람이 한두 번 정도의 발언을 하고 배경 지식에 관한 질문이 끝나면 다음은 텍스트에 관련된 질문으로 나아갑니다. 앞의 영화를 다시 예로 들어보겠습니다.

나. 텍스트 내용 질문

❶ 와일리 대학의 톨슨 교수는 왜 토론 팀을 이끌었을까요?

❷ 톨슨 교수의 토론에 대한 생각은 어떠하며, 토론 팀의 학생들을 뽑는 기준은 무엇일까요?

❸ 흑인과 백인의 토론 대결을 추진한 까닭은 무엇인가요?

❹ 와일리 대학 토론 팀이 연승을 하게 된 힘은 무엇인가요?

❺ 이 영화에 등장하는 토론의 논제들은 어떤 공통점을 지니고 있을까요?

❻ 시민 불복종의 도덕성에 대한 토론의 판정은 어떻게 할 수 있을까요?

여기서는 텍스트에 관한 내용이 사실적으로 다루어지므로 누가 얼마나 텍스트를 깊이 읽고 이해했는가가 중요합니다. 물론 방식은 사회자의 발문에 대한 토론자의 대답 혹은 상호간의 논쟁으로 진행됩니다. 텍스트의 사실적 이해에 관한 토론을 마치면 다음은 인간의 삶이나 사회 문제에 대한 발문으로 사고를 심화, 확장합니다.

다. 텍스트와 관련한 인간 삶이나 사회 문제 관련 질문

❶ 토론으로 세상을 바꿀 수 있다는 믿음을 가진 사람들이 있습니다. 언어는 과연 사회 속에서 어떤 기능을 하며 토론의 장점과 한계는 무엇일까요?

❷ 학교나 단체에서 토론 대회를 진행할 때, 우승자에게 상을 주기도 합니다. 이것은 토론의 취지에 비추어 볼 때, 교육적인 효과가 있을까요?

❸ 토론을 통해서 흑인과 백인의 인종 차별을 극복하는 것이 가능할까요?

❹ 우리 사회에서 흔히 접하는 토론의 본질은 무엇일까요?

❺ 토론은 인간의 소통에 도움을 줄까요? 혹은 그 반대일까요?

❻ 미국의 대통령으로 흑인인 오바마가 당선된 것은 미국 역사에 어떤 의미가 있을까요?

이상의 방식으로 3차에 걸친 사회자의 분야별 질문과 토론자 상호 문답, 논쟁이 이야기식 토론의 기본 형식입니다.

이야기식 토론의 사례

제가 근무하는 학교에서 이야기식 토론을 진행한 내용을 소개하겠습니다. 책을 읽고 이야기를 나누는 독서 토론 형식으로 진행했고, 책은 앞에서 제시했던『논어, 사람의 길을 열다』였습니다.

토론에는 총 여섯 명이 참여했고, 우선 토론자들의 간단한 자기소개 시간을 가졌습니다. 그리고 나서 사회자가 오늘 토론할 책을 간단하게 요약하여 설명한 뒤, 1차 발언으로 들어갔습니다.

1차 발언은 배경지식에 관한 내용으로 사회자가 발문인 "덕치와 법치 사상이 나온 배경에 대해서 이야기를 해" 달라는 것에 맞춰 진행되었습니다. 토론자들은 덕치 사상이 나온 배경에 대해서는 인간의 자율성, 양심, 도덕, 주권 등을 들어 설명했고, 법치 사상이 나온 배경에 대해서는 욕망, 지배 집단의 권력욕, 이기심이라는 인간 본성을 들어 설명했습니다.

2차 발언 때는 책의 내용에 관해 이야기를 나눴습니다. 사회자의 발문은 "『논어, 사람의 길을 열다』에 나온 내용을 바탕으로 법치와 덕치 가운데 어느 것이 현대 사회에서 더 의미가 있는가?"였습니다. 2차 발언에서는 토론자들이 현대 사회의 문제를 어떻게 바라보고 있고, 그에 대한 해결책으로 덕치와 법치 가운데 어떤 것이 더 유용한지 설명했습니다. 주로 경제 성장 과정에서 나타난 도덕성의 문제를 어떻게 풀 것인가가 핵심이었습니다. 하지만 2차 발언 중에 한 학생이 1차 발언 때 나온 다른 토론자의 발언을 즉석에서 반박하기도 하고, 또 다른 학생은 2차 발언 중 앞 사람의 발언을 반박하기도 했습니다. 이 때문에 나머지 학생들은 이에 대해 답을 하느라 책 내용에 관해 제대로 답을 못하는 경우도 있었습니다.

3차 발언은 2차 발언에 대해 반박하는 시간이었습니다. 여전히 도덕성의 문제가 핵심이었고, 경제 발전과 도덕성의 상관관계에 대한 문제제기도 나왔습니다. 경제 발전을 중심에 두었기 때문에 도덕성이 타락했다는 입장과 경제 발전이 중요한 시기에 도덕성을 중요시하면 오히려 사회 문제에 있어서는 도덕성의 하락을 초래할 수 있다는 입장이 대립하였습니다. 아노미 현상을 예로 들며 의식(도덕성)의 발전이 경제 발전을 못 따라간다는 의견도 나왔습니다.

4차 발언은 텍스트를 우리의 삶과 연결시킨 사회자의 발문으로 시작되었습니다. 발문 내용은 "우리 사회의 미래를 생각하면서 덕치와 법치에 대한 최종 생각을 마무리 해" 달라는 것이었습니다. 모든 토론자들이 우리 사회가 덕치나 법치 가운데 하나만으로 유지되지 않는다고 했습니다. 중요한 것은 덕치와 법치의 조화인데, 그 중에서 무엇을 더 중요시할 것인가, 어떤 것을 근본에 놓을 것인가 하는 부분에서 조금씩 의견이 갈렸습니다.

여기까지 진행한 후 토론자들의 소감을 듣고 이야기식 토론을 마감했습니다.

이야기식 토론 시 주의 사항

이처럼 이야기식 토론은 사회자의 적절한 발문과 그에 대한 토론자들의 대답, 그리고 그 대답에 대해서 다시 갑론을박이 벌어지는 토론입니다. 그렇다면 이야기식 토론에서 가장 주의할 내용도 발문에 대한 정확한 이해와 사회자의 역할, 그리고 토론자들 상호간의 토론 부분에 있겠지요. 이야기식 토론 진행 시 주의할 사항을 알아봅시다.

❶ 발문은 열린 질문으로 준비합니다. 우리 시대의 탁월한 사회자 손석희 씨는 질문만으로 대화를 이끌어갑니다. 질문이 단순한 문답이 아니라 더 넓고 깊은 의미의 대화를 만들어 나가는 다리 역할을 하는 것이지요. 질문은 답을 요구하지 않고 생각을 요구합니다. 더 깊고 넓은 사고의 탄생, 그것이 질문의 목적입니다. 따라서 사회자가 발문을 준비할 때는 토론자들이 충분히 답변할 수 있는 문제들을 준비합니다. 질문은 사회자와 토론자, 나아가 토론자 상호간의 대화의 가교이므로, 열린 질문을 통해 다양한 사고의 충돌을 이끌어 내는 것이 중요합니다.

❷ 질문을 통한 토론의 전개는 궁극적으로 토론자들 스스로가 질문을 제기해서 토론을 이끌어 가는 과정까지를 목표로 합니다. 따라서 이야기식 토론의 발문은 토론자들 스스로 답을 해 나가는 과정에서 다른 토론자들에게 새롭고 의미 있는 질문을 던지는 단계까지 나아가도록 자극을 해야 합니다. 1차적으로는 사회자가 발문을 하지만 토론 과정에서 토론자들 상호 질문과 대답 과정이 이루어지도록 자연스럽게 토론을 이끌어 가는 것이 좋습니다.

❸ 토론을 마친 뒤에는 충분히 소감을 나누고, 질문에 대한 평가를 합니다. 질문의 수준과 난이도가 토론에 적합했는지를 살펴보고, 이

를 바탕으로 토론의 수준과 전개 방향의 적절성을 판단합니다. 이야기식 토론은 다대다 토론의 형식이기 때문에, 토론을 평가할 때 토론자 모두가 상대를 평가해서 토론의 심사에 사용할 수도 있습니다.

이야기식 토론의 활용

독서 토론의 방식에 이야기식 토론만 있는 것은 아닙니다. 하지만 이야기식 토론은 그 어느 토론보다도 텍스트의 내용을 깊게 이해하는 데 도움을 줍니다. 따라서 영화, 책 등을 학생들에게 보거나 읽게 하고, 그에 따른 배경지식과 텍스트의 내용뿐만 아니라 한 걸음 더 나아가 텍스트와 관련된 다양한 문제들까지 다루기에 매우 적절합니다.

10

합리적 의심의
자세를 배운다
– 배심원 토론

태림 (꾸벅꾸벅 졸고 있는 학생을 향해) 오늘은 왜 아침부터 이렇게 졸고 있니?

한결 (하품을 하면서) 아, 어제 밤늦도록 영화를 보느라 잠을 설쳤더니…….

태림 무슨 재미난 영화를 봤길래 잠까지 설쳐 가면서…….

한결 응, 「12인의 노한 사람들」이라고.

태림 12인의 노한 사람들? 무슨 액션 영화인데 그렇게 밤을 새고 봤니?

한결 너, 나를 우습게 보는데, 이 영화는 액션 영화가 아니라 토론에 대한 영화라고!

태림 그래, 무슨 내용인데?

한결 이 영화는 미국 배심원 제도의 풍경과 문제점, 그리고 이 제도 속에서 정당한 의심을 통해 외로운 진실을 찾아가는 주인공의 모습이 아주 감동적으로 그려진 영화라고. 아주 오래된 영화이긴 하지만 할리우드에서 이름난 명배우인 헨리 폰다도 나오는 영화라고.

태림 헨리 폰다라……. 그런데 배심원 제도가 뭐야? 우리나라에는 그런 제도가 없잖아?

한결 우리나라도 시범적으로 배심원 제도를 도입한다는 말이 있던데, 장단점이 명확히 알려지지 않아서 아직은 전면적으로 도입하지 못하고 있나 봐.

태림 배심원이 재판에서 하는 일이 뭔데? 배심원들은 방청석에서 재판의 진행 과정을 구경하고, 나중에 자기 의견을 내서 판결을 하는 데 도움을 주는 거 아냐?

한결 구경이라니? 배심원이 그렇게 수동적인 역할을 하는 사람은 아니지. 배심원은 재판 과정에 적극적으로 참여하는 사람들이야. 그냥 재판을 보기만 하는 사람 같지만 그렇지 않아. 배심원들도 듣고, 기록하고, 정리된 생각을 가지고 치열하게 토론하기까지 해. 그리고 토론 결과를 재판부에 제시하지. 재판에서 아주 적극적이고 능동적인 역할을 하는 거라고.

태림 그 영화를 보고 많이 배운 모양이구나. 그래, 배심원들은 재판 과정에서 토론을 어떻게 하는지 자세히 말해 보렴!

한결 그건……. 영화에 나와 있기는 한데 나도 아직은 정리하기가 어렵네. 선생님이 잘 아시겠지. 우리 토론 전문가인 선생님께 가서 자세히 가르쳐 달라고 하자.

토론의 판결은 누가 내리나?

토론 대회에서 토론의 목적은 어디에 있을까요? 상대방을 설득하는 데 있을까요? 아니면 제삼자, 즉 심사 위원이나 청중 혹은 배심원을 설득하는 데 있을까요? 궁극적으로 토론의 평가자는 상대방이 아니라 제삼자, 즉 방청석에서 토론을 듣는 사람들입니다. 따라서 토론은 상대방과 열띤 논쟁의 과정을 보여 주지만, 궁극적으로는 심판관 역할을 하는 청중을 설득하는 데 그 목적이 있습니다.

이는 미국의 배심원 제도에서 자세히 살펴볼 수 있는데, 미국 법정에서는 유무죄를 다루는 판결은 배심원이 합니다. 미국의 재판 제도는 우리와 같은 판사 심판제가 아니라 참심제도(參審制度)로 배심원을 참여시킵니다. 판사는 판결자 역할을 하기보다 배심원들의 판결을 돕고 검사와 변호사를 조정하는 사회자 역할을 합니다. 결국 피고에게 죄가 있느냐 없느냐를 판단하는 것은 배심원들입니다. 그리고 배심원제의 기본은 만장일치입니다.

그렇다면 토론의 판결은 누가 내릴까요? 사회자? 심사자? 청중? 누구에게 토론의 판결을 맡기는 것이 가장 바람직할까요?

대회형 토론의 경우 판결은 당연히 토론 심사자가 하겠지요. 사회자는 진행을 맡은 사람이므로 판결에 참여할 수 없겠지요. 교실 토론의 경우에는 토론자들 외에 토론을 참관하는 학생들이 청중 겸 배심원 역할을 할 수 있습니다. 선생님은 사회를 보거나(교실 토론의 경우에는 선생님이 사회와 심사를 겸할 수 있습니다.) 심사를 맡고 판결을 하지만, 토론 구성원들의 적극적인 참여와 상호 배움을 위해서 청중 겸 배심원을 맡은 학생들이 평가를 하기도 합니다.

정해진 토론자 이외의 다른 학생들이 배심원으로 참여해서 교사의 평결에 도움을 주는 토론 방식을 '배심원 토론'이라고 합니다.

배심원 토론의 기원과 취지

요즘 우리 사회에는 아동 성폭력에 대한 우려가 높아지고 있습니다. 성폭력 가해자에 대한 법원의 처벌이 너무 가벼워 법원이 오히려 범죄자들에게 면죄부를 준다는 비판의 목소리가 높습니다.

뒤에서 모의재판 토론을 공부할 때 아동 성폭력 문제를 다룬 소설 『유진과 유진』(푸른책들, 2004)에 대해 짧게 이야기를 할 텐데요, 최초의 아동 성폭력 사건은 묘하게도 오늘 우리가 다룰 배심원 제도의 기원과 만납니다. 바로 그리스 로마 신화 속의 이야기를 통해서이지요.

그리스 로마의 신 가운데 난폭하기로 이름난 전쟁의 신 '아레스'가 있습니다. 어느 날, 숲속에서 귀에 익은 소리가 들려와 달려가 보니, 그의 딸 알키페가 어떤 남자한테 성폭행을 당할 위기에 처해 있었습니다.

불같이 성이 난 아레스는 그 젊은이를 죽여 버렸는데, 알고 보니 그 남자는 그리스 신들 가운데 서열 2위인 바다의 신 포세이돈의 아들 할리로티오스였습니다.

　분노한 포세이돈은 아레스와 직접 싸우지 않고 그를 신들의 신인 제우스의 법정에 고소합니다. 포세이돈의 아들을 죽인 아레스는 살인 죄로 피고인 신분이 되었는데요, 올림푸스 열두 신들은 법정이 있는 언덕에 모여 역사상 처음으로 재판을 하게 됩니다.

　갑론을박 끝에 신들은 아레스의 행위가 정당함을 인정하고, 아레스에게 무죄를 선언하지요. 그 후, 이 언덕은 '아레이오스 파고스', 즉 '아레스의 언덕'이라고 불리게 됩니다. 아레스의 언덕은 파르테논, 즉 아테나 여신의 신전 바로 아래에 있는데, 그리스인들은 오래 전부터 이 나라의 대법원을 '아레이오스 파고스'라고 불러왔습니다.

이날 재판을 위해 모여 앉은 열두 신들의 모습이 오늘날 미국이 대표적으로 채택하고 있는 배심원제의 근원이라고 합니다. 막강한 힘을 가진 포세이돈이 아레스와 싸우지 않고 신들에게 판결을 물은 것도 훌륭하지만, 또 그 권력에 좌우되지 않고 긴 토론 끝에 무죄를 선고한 신들의 지혜도 배울 만합니다.

배심원 제도는 이처럼 한 사람의 재판장이 범할 수 있는 독단이나 오류를 견제하고 보완하는 의미를 가지고 있습니다. 물론 모든 제도는 장단점이 있으니 그 반대 상황도 가능하겠지요.

배심원 토론도 이처럼 한 인간의 불완전한 판단과 능력을 보완하기 위해서 여러 사람의 중지를 모으는 토론입니다. 교실에서 인원은 많고 토론할 사람은 수가 한정되어 있을 때, 다른 여러 명에게 판결자 역할을 맡기면 더 많은 사람이 토론에 참여할 수 있습니다. 또한 공정한 판결을 이끌어 낼 수 있는 장점도 있습니다.

배심원 토론의 방법

자, 그럼 배심원 토론의 방법을 구체적으로 알아볼까요?

배심원 토론에서는 기본적인 역할을 하는 사회자와 보조 사회자가 각 1인, 양 팀 토론자 각 3인 내외, 보조 토론자 2~3인, 양측의 기자 1~2인이 필요합니다. 그리고 나머지 사람들이 배심원 역할을 맡습니다.

사회자는 토론의 시간과 순서에 대한 규칙을 정합니다. 보조 토론자는 토론자들의 발언 시간을 체크하고 30초 전에 알려 줍니다. 시간을 알려 주는 방식은 종을 치는 방식과 종이에 '종료, 30초 전!'이라고 크게 적어 시각적으로 표시해 주는 방법이 있습니다.

논제가 주어지면 찬성 측의 발언을 시작으로 토론을 진행합니다. 양측의 발언 횟수는 동등하게 적용하되 발언 시간은 느슨하게 가져갈 수도 있습니다. 찬성과 반대의 발언이 3~5회 정도 반복되면서 논쟁을 벌입니다. 초반 발언은 당연히 준비한 내용을 바탕으로 입론을 하고요, 3회차 이상 발언에서는 상대방의 논거를 비판, 반박하는 반론을 중심으로 펼쳐 갑니다.

논거가 부족하여 토론을 활발하게 이어 가기 힘든 경우에는 일종의 '작전 시간'을 요청해서 중간에 서로 의견을 조정하고 중지를 모을 수 있으며, 주 토론자가 역량이 부족해 말이 막힐 경우에는 보조 토론자와 선수 교체를 할 수도 있습니다.

기자는 질문 시간을 가질 수도 있고, 토론 말미에 논평을 할 수도 있습니다. 기자와 배심원의 구체적인 문답은 다음 장인 터부 토론에서 자세히 이야기하겠습니다. 이를 다시 정리해 보면 다음과 같습니다.

1) 사회자 인사말 및 토론자와 배심원 등 참여자 역할 소개

먼저 사회자가 토론을 이끌어 가는 인사말을 합니다. 그리고 토론자와 배심원 등 토론에 참여한 사람들이 맡은 역할에 대해서 안내를 합니다.

2) 토론 진행

찬성 측 3~5회, 반대 측 3~5회의 발언(찬성 측과 반대 측이 번갈아가면서 발언)을 합니다. 논의의 수준이나 공방의 흐름을 봐서 토론을 계속 이어 갈 수도 있고, 중간에 토론자를 교체하여 새로운 논점으로 전환할 수도 있습니다. 이렇게 3~5회 정도 찬반 논쟁을 계속 이어 갑니다. 중간에 어려움을 느끼는 측은 숙의 시간을 요청하여 적절히 활용할 수도 있습니다. 이때 배심원 토론의 방법에는 여러 가지 모형이 존재합니다. 다만 토론자 외에 배심원이 특정한 역할을 맡는다는 점이 배심원 토론만의 특징입니다.

3) 기자 논평

찬반 양측의 발언을 마무리하고 기자의 논평을 듣습니다. 이때 찬성 측 기자는 반대 측에 대한 비판적 논평을 제시하고, 반대 측 기자 역시 찬성 측에 대한 비판적 논평을 제시합니다.

4) 배심원단 회의 진행 및 결과 발표

배심원단 회의는 전원이 돌아가면서 토론 과정에 대한 논평을 중심으로 발언합니다. 배심원단의 논의 결과를 모아서 배심원장이 발표합니다.

이상이 배심원 토론의 진행 과정입니다. 비교적 느슨하고 무난하여 학생들이 편안하면서도 자연스럽게 참여할 수 있습니다. 마지막 판결을 할 때, 원칙은 배심원들이 모여서 올림푸스의 신들처럼 토론자들 이

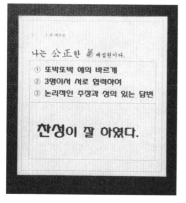

판결 카드

상의 뜨거운 토론 과정을 거쳐야 합니다. 하지만 수업 시간에는 시간이 부족하여 그렇게 하기 힘든 경우가 많습니다. 그래서 배심원들에게 찬반 어느 쪽이 더 잘했는지 물을 때는 판결 카드를 사용하여 승패 판정을 내리게 하기도 합니다. 이때 카드를 든 학생들을 지명하여 판정의 근거를 물어 보면 교육적인 평가와 반성을 할 수 있습니다.

배심원의 자세와 역할

우리나라의 배심원 제도 도입과 관련하여 논의 중인 '국민참여재판'과 영화 「12인의 노한 사람들」(시드니 루멧, 1957)을 통해 배심원의 자세와 역할에 대해 살펴보겠습니다. 먼저 한국의 배심원 제도인 '국민참여재판'에 관한 내용입니다.

가. 국민참여재판

'국민참여재판'은 국민이 형사재판에 배심원 또는 예비 배심원으로 참여하는 제도입니다. 2007년 6월 1일 공포된 '국민의 형사재판

참여에 관한 법률'을 근거로 2008월 1월 1일부터 시행되어 같은 해 2월 12일 대구지방법원에서 배심원이 참여한 재판이 처음 열렸습니다.

배심원은 만 20세 이상의 대한민국 국민으로, 해당 지방법원 관할 구역에 거주하는 주민 가운데 무작위로 선정되고, 법률에서 규정한 결격 사유와 직업 등에 따른 제외 사유, 제척 사유, 면제 사유에 해당되지 않는 사람으로서 정당한 사유 없이 법원에서 통지한 선정 기일에 출석하지 않으면 200만 원 이하의 과태료가 부과될 수 있습니다.

배심원의 수는 법정형이 사형, 무기징역 또는 무기금고에 해당하는 대상 사건의 경우 9명, 그 밖의 대상 사건은 7명으로 하되, 피고인 또는 변호인이 공판 준비 절차에서 공소 사실의 주요 내용을 인정한 경우에는 5명으로 합니다. 또 배심원의 결원 등에 대비하여 5명 이내의 예비 배심원을 둘 수 있지요.

배심원의 유죄 무죄에 대한 평결과 양형에 관한 의견은 '권고적 효력'을 지닐 뿐 법적인 구속력은 없습니다. 배심원들이 결정한 유죄 무죄 평결을 판사가 따르는 미국의 배심원 제도와는 달리, '국민참여재판'에서는 판사가 배심원의 평결과 달리 독자적 결정을 내릴 수 있습니다. 다만, 배심원의 평결과 다른 선고를 할 경우에는 판사가 피고인에게 배심원의 평결 결과를 알리고, 평결과 다른 선고를 한 이유를 판결문에 분명히 밝혀야 합니다.

나. 배심원 제도의 문제점

이처럼 배심원 제도는 그 취지와 방법에서 최대한 배심원 참여제의 의미를 살리고 있지만, 그에 따른 문제나 어려움이 없지는 않습니다. 이는 '인간이 신념에 따라 선택하고, 선택에 따른 책임을 질 수 있는 존재인가?' 혹은 '세상에는 자기 신념과 달리 행동하는 사람이 많은 것은 왜인가?' 하는 문제와 관련이 있습니다. 배심원제를 도입할 경우 '배심원들은 판결에 따른 책임감을 느끼는가?', '책임감 없는 판결에 대해 신뢰할 수 있는가?' 하는 문제와 연결되지요. 다음은 영화 「12인의 노한 사람들」의 한 대목입니다.

영화 「12인의 노한 사람들」 | 시드니 루멧 감독의 1957년 데뷔작. 한 소년이 아버지를 살해한 혐의로 재판을 받는다. 소년은 혐의를 부인하지만, 목격자 등의 증언과 증거는 소년에게 불리하다. 배심원단의 분위기는 거의 유죄 판결로 기울었지만 한 남자만이 무죄 쪽에 손을 든다. 이렇게 되자 무죄라고 한 사람과 나머지 사람들 사이에 격렬한 토론이 벌어진다. 결국 배심원들은 무죄를 주장하는 남자의 논리적이고 타당한 지적에 수긍하고, 만장일치로 무죄 판결을 내린다.

"딴 사람은 어떤지 몰라도 난 진절머리가 나요. 해결의 기미가 안 보이니 나라도 포기해야지. 무죄로 바꾸겠소."
"뭐라고요?"
"말했잖소. 지긋지긋해요."
"그런 대답이 어딨소?"
"이봐요. 형씨는 형씨 일이나 알아서 하쇼, 알았소?"

"맞아요. 그건 대답이 안 돼요. 도대체 인간이 왜 그래요? 처음엔 다른 사람들처럼 유죄라고 하더니 야구 경기표를 낭비하기 싫어서, 논쟁이 지긋지긋해져서 생각을 바꿔요? 이봐요 형씨, 누가 당신한테 사람 목숨을 갖고 놀 권리를 줬소? 생각이 있는 사람이요?"
"잠깐만요, 그렇게 말하지 말아요."
"이렇게 말해야겠소. 정말 확신이 있다면 무죄에 표를 던져요. 짜증이 난다고 그러면 안 된단 말이요. 유죄라고 생각하면 그렇게 투표를 하고……. 신념을 따를 배짱도 없소?

"이봐요."

"유죄요, 무죄요?"

"말했잖아요. 무죄라고."

"왜요?"

"이봐요. 꼭 설명을 해야……."

"설명해요. 말해요. 왜죠?"

"유죄가 아닌 것 같으니까."

이처럼 솔직한 자기 신념을 논리적으로 설명하고 밝히기 어려운 배심원들이 많을 때, 배심원 제도는 그 의미가 퇴색될 수 있습니다. 학생들이 판결은 내렸는데, 그 이유나 근거를 잘 설명하지 못한다면 이런 문제들이 생길 수 있겠지요.

다. 배심원의 자세와 역할

다시 영화 「12인의 노한 사람들」의 한 대목을 통해 판결을 내릴 때 편견에 가리지 않은 진실은 존재하는가를 생각해 보겠습니다.

이럴 때 개인적 편견이 드러나게 마련이죠. 언제나 편견이 진실을 가립니다. 나도 진실이 뭔지 모릅니다. 아무도 모를 겁니다. 아홉 명은 피고가 무죄라고 느끼는데 이것도 확률의 도박이고 우리가 틀릴 수도 있죠. 어쩌면 죄인을 풀어 주게 될지도 모르죠. 그렇지만 의심할 만한 근거가 있다면 그게 우리 법 체계의 우수한 점인데, 배심원들은 확실하지 않으면 유죄 선고를 내릴 수가 없죠. 세 분은 어떻게 그렇게 확신하는지 이해가 안 가네요.

근거 없는 확신에 대해서 편견을 갖지 말고 진실을 찾기 위해 끝까지 노력하라는 말입니다.

배심원들이 토론자들보다 더 높은 안목을 가지고 있다면 공정한 판결을 내리는 데 어려움이 없을 것입니다. 하지만 우리 인간들은 누구도 절대적 진리에 대한 확신을 증명할 수 없습니다. 다만 중요한 것은 편견을 갖지 않겠다는 공정하고 열린 마음을 가지려고 노력하는 것입니다.

배심원 토론을 통해서 우리가 배워야 할 것, 학생들에게 가르쳐 줄 것은 내 안에 있는 편견을 버리기 위한 노력을 멈추지 말고, 공정한 눈으로 진실을 찾아가려는 자세를 가져야 한다는 것입니다.

배심원 토론 시 주의 사항

배심원 토론에서는 주 토론자들 못지않게 배심원의 역할이 중요합니다. 배심원 토론을 진행할 때 주의할 사항을 살펴보겠습니다.

❶ 배심원의 역할에 대한 정확한 설명이 필요합니다. 배심원 토론은 다른 다양한 토론 방식에 배심원의 역할이 부가되는 토론이기 때문에 특정한 토론 방식에 대한 안내가 필수적입니다. 예를 들어 터부 토론을 할 때 배심원은 금기어를 정하고, 이를 어긴 사람에게 정확히 벌칙을 부과하는 역할을 합니다. 모의재판 토론을 할 때에

는 재판관의 판정에 도움을 주기 위해 공정한 판결 논의를 거쳐 그 결과를 전달하는 일과, 소극적으로는 토론 진행의 전체 과정을 지켜보고, 녹취를 하고, 나중에 질문을 하거나 자기 의견을 말하고, 상황에 따라서는 판정 역할을 하는 등 배심원은 매우 다양한 역할을 합니다.

❷ 각각의 토론의 성격이나 방법, 방향, 목표에 따른 배심원의 역할을 정확히 일러주어야 합니다. 배심원의 가장 기본적인 역할은 판정관의 역할입니다. 하지만 판정 외에도 토론에 간접적으로 참여하는 경우도 있습니다. 예를 들어 공개적인 원탁 토론을 할 경우 토론의 내용을 잘 녹취하다가 방청석 토론을 진행할 때 적극적인 질문자나 의견 제안자로 나서 발언을 할 수도 있습니다. 또 토론의 승패 판정 외에도 그날의 최고 토론자를 선정하는 데 한 표를 행사할 수도 있습니다. 그러므로 토론 방식과 배심원의 역할을 고정되게 연결할 필요는 없습니다. 어느 토론이든지 일반적인 배심원의 역할이 가능하므로 그때그때의 상황에 따라서 명확하게 설명해 주면 됩니다.

❸ 배심원이 심사자 역할까지도 할 수 있으므로 배심원장을 뽑고, 나머지 학생들의 역할도 정해 줍니다. 심사를 할 경우 기준을 명확히하고 그 기준에 따라서 판정할 수 있도록 해야 합니다. 여기서 가장 중요한 것은 배심원도 토론 과정에서 일정한 역할을 맡음으로써 토론의 방관자가 아니라 중요한 참여자의 한 사람이라는 소속감을 느끼게 하는 것입니다.

배심원 토론의 활용

　배심원 토론은 다른 여러 형식의 토론에 배심원의 역할을 부여한 토론 방식입니다. 대표 토론이나 공개 토론을 할 경우 토론의 주체가 되는 학생은 보통 4명에서 6명, 많으면 10명 남짓 되지요. 그럴 경우 나머지 학생들은 어떤 역할을 할 수 있을까요? 그 많은 나머지 학생들을 토론의 방관자가 아닌 간접적 참여자로 북돋아주는 토론이 바로 배심원 토론입니다.

　토론의 형식은 원탁이나 찬반 토론 등 다양한 토론 형식을 그대로 적용하되, 주 토론자 외에 나머지 학생들을 배심원으로 지정하여 토론에 참여하지 않는 사람이 없도록 전체의 역할을 설정해야 합니다.

　배심원 토론은 토론의 판정 과정을 살펴보는 데 유용합니다. 토론자들이 토론한 내용을 나머지 방청객들이 판정하면서 적극적으로 토론에 참여해 나가는 방식이 바로 배심원 토론입니다.

금기를 활용하라

- 터부 토론

금지 단어 사용으로
벌칙입니다

국민

ㅋㅋ

터부토론

준호 요즘 토론 수업을 열심히 하셔서 저희들도 배우는 게 많기는 한데, 좀 웃으면서 하는 토론은 없나요?

선생님 왜 없겠니? 좋은 방법이 있기는 한데……. 토론의 성격이 워낙 대립적이다 보니, 너희들도 스트레스를 받는 모양이구나.

준호 뭐, 꼭 그런 건 아니지만, 좀 색다른 토론 분위기를 느껴 보고 싶어서요.

선생님 너, '터부' 라는 단어를 알고 있니?

준호 터부요? 어디서 들어본 듯도 한데……. 아, 맞다! '금기' 를 나타내는 말 아닌가요?

선생님 그래, 맞아. 함부로 입에 올리기 힘든 말을 의미하지. 인류가 원시 시대부터 만들어 왔던 인간의 본능적인 감정이나 이루어질 수 없는 사회적인 관계 등을 말해. 우리 사회에서는 아직 성적(性的)으로나 이념적으로, 또는 정치적으로 개방되지 못한 이야기들이라고나 할까? 예를 들면 근친 결혼이나 국가보안법 같은 민감한 주제들 말이야.

준호 그렇군요. 요즘 학생들은 입이 험해서 아주 심한 욕도 잘하지만, 사실 욕 같은 것도 사회적 금기에 해당하는 말 아닌가요?

선생님 하하, 요즘에야 뭐……. 옛날에는 나라님을 욕했다가는 곤욕을 치렀으니, 그랬다고 할 수 있지.

준호 그런데 터부가 토론이랑 무슨 관계가 있나요?

선생님 터부 토론은 토론을 하는 과정에서 금기어를 정해 토론을 흥미롭게 만들어 가는 토론이란다. 뭔가 말해서는 안 되는 걸 말하면 벌

칙을 주어서 감점을 하는 거지. 터부 단어를 말한 대가로 얼굴에
스티커를 붙이면서 말이야.

준호 하하, 얼굴에 스티커를 붙이면 예뻐지겠네요. 재미있을 것 같아요.

선생님 그래, 지금부터 즐겁게 터부 토론을 해 보자!

우리 토론 문화의 현주소

　한때 「개그 콘서트」에 '집중 토론'이라는 코너가 있었습니다. 토론의 사회자인 황현희 씨는 패널 중의 한 사람인 박영진 씨의 발언은 잘 들어 주면서, 다른 패널인 박성광 씨의 발언은 완전 무시하는 전략으로 나갑니다. 이 코너는 편파적인 토론의 극단을 보여 줌으로써 웃음을 자아냈지요. 마지막에는 개그맨 송준근 씨가 "김덕배입니다."라는 멘트를 날리며 엉뚱하게 끝을 맺어, 그야말로 '개그 토론'의 진수를 보여 주곤 했습니다.

　아무리 웃기는 걸 목적으로 하는 개그 프로그램이라 해도, 그 안에 그려진 토론의 풍경이 우리 토론 문화의 현주소를 반영하는 것 같아 몹시 씁쓸하기도 했는데요, 한편으로는 토론이 저렇게 즐거우면 어떨까 하는 낯선 상상을 해 보기도 했습니다.

　토론의 고전으로 알려진 '링컨 – 더글러스 토론'부터 '대통령 후보 초청 토론'까지 미국의 토론 문화는 팽팽한 논리 대결 속에서도 시종일관 웃음과 여유를 잃지 않는 미덕을 발휘하고, 심지어는 축제 분위기마저 느껴진다고

링컨-더글러스 토론 | 1858년 미국 일리노이주 상원의원 선거에서 공화당의 링컨과 민주당의 더글러스 사이에서 이뤄진 일곱 번의 토론. 주제는 '미국에서 노예제를 계속할 것인가, 폐지할 것인가'였다. 링컨은 미국의 독립선언서에 나타난 '모든 인간은 동등하다.'는 규정이 흑인을 포함한 모든 사람에게 해당되는 것이므로, 노예제는 폐지되어야 한다고 주장했다. 이에 대해 더글러스는 독립선언서에서 언급한 '인간'은 백인만을 가리킨다고 주장했다. 선거 결과 더글러스가 이겨서 상원의원이 됐지만, 이 토론이 유권자들에게 깊은 인상을 남기게 되고, 2년 뒤 링컨은 대통령에 당선된다.

합니다. 「100분 토론」 같은 공식 텔레비전 프로그램에서 늘 말싸움에 가까운 토론만 보아 온 우리로서는, 미국이나 유럽의 성숙한 토론 문화가 여간 부럽지 않습니다. 우리 사회에서는 아직 화기애애하고 웃음 넘치는 토론을 기대하기 어렵지만, 그래도 언젠가는 우리에게도 그런 날이 오리라 기대를 해 봅니다.

이렇게 토론에 앞서 유머에 대해 말씀드리는 까닭은 토론은 무겁고 심각해야 한다는 편견에 사로잡히지 말자는 이야기를 하기 위해서입니다. 싸움이, 그것도 논리를 다투는 싸움이 즐거울 리 없겠지만, 딱히 즐거워서 안 될 이유도 없으니까요.

금기어를 활용한 토론

토론은 형식을 갖추고, 그 형식에 따라 진행하기 때문에 학생들이 자칫 토론을 딱딱하고 건조한 활동으로 인식할 수 있습니다. 그렇다면 이런 인식을 깰 수 있는 재미나는 토론 방법은 없을까요?

만약 '이주 노동자'에 관한 토론을 하는 중에 토론자에게 '추방'이나 '불법'이란 말을 못 쓰게 한다면 어떻게 될까요? 만약 그 말을 쓰면 벌칙으로 얼굴에 스티커를 붙이기로 하고요. 처음에는 의식하지 않고 토론을 하다가 자기도 모르게 '추방'이나 '불법'이라는 단어를 말하는 순간, 얼굴에는 스티커가 붙고, 토론 현장은 웃음바다가 됩니다. 스티커를 얼굴에 붙인 토론자는 갑자기 머릿속이 하얘지면서 잠시 멍해지는 경험을 하게 되고요.

　한창 이야기를 하던 중에 갑자기 이런 상황이 벌어지면 토론자는 당황할 수밖에 없지요. 물론 금방 수습을 하고 다시 토론을 하기는 하지만 자기도 모르게 다시 그 단어를 발음하면서 또 비슷한 상황이 연출됩니다. 하지 말아야 할 말을 하게 되는 경우 당하는 벌칙이 토론 상황을 묘한 흐름으로 이끌어 가는 것이지요.

　이처럼 토론을 할 때, 해서는 안 되는 말, 즉 금기어를 정해서 토론자들이 그 말을 할 때마다 벌칙을 부과하고 감점을 주는 토론이 바로 '터부 토론' 입니다.

터부 토론의 취지

　우리가 살아가는 사회에는 '하지 말라' 는 금기(禁忌)가 적지 않습니다. 동서고금을 막론하고 어느 사회나 성이나 이념 등 그 사회 구성원들에게 허용되지 않은 금기가 있어 왔지요. "금기를 건드린 자는 금기가 된다." 라는 누군가의 말처럼 이런 금기들은 우리의 의식과 행동을 제약하고 지배해 왔습니다. 우리나라의 경우에도 근친혼에 대한 금지나 국가보안법 등 성이나 이데올로기에 대한 금기가 사람들의 일상생활과 의식, 무의식을 지배해 왔습니다.

　이처럼 금기란 상당히 무겁고 심각한 것인데, 이런 금기의 법칙을 토론에 활용하면 역으로 토론이 아주 가볍고 재미있어집니다.

토론이란 것을 항상 심각하고 진지하게만 해야 할까요? 우리나라의 토론 현장에서는 웃음 넘치는 장면을 찾아보기가 쉽지 않습니다. 토론을 즐길 수 있을 만큼 성숙하지 못한 우리의 토론 문화가 아쉬운 상황입니다.

그렇다고 토론 문화가 성숙할 때까지 진지한 토론만 하고 있을 수는 없겠지요? '터부 토론'은 이렇게 진지해지기 쉬운 토론 분위기를 한방에 바꿔 낼 수 있는 아주 특별한 토론 방법입니다.

'터부 토론'이라고 하면 금기를 정한다는 건데, 과연 이게 즐거울까요? 이상하시죠? 그러나 '극에 달하면 돌아가는 것〔物極必反〕'이 도(道)의 이치인 만큼, 금기어를 벌칙으로 정하면 딱딱한 토론 현장이 갑자기 웃음꽃이 피는 즐거운 마당으로 변합니다. 그 비법은 바로 벌칙으로 사용하는 작은 스티커에 있습니다.

벌칙을 받은 양측 토론자가 얼굴에 스티커를 붙인 채 심각한 토론을 벌이는 풍경을 상상해 보세요. 생각만 해도 재미있지 않으신가요? 실제로 많은 학생들과 선생님들이 이런 과정에서 함께 웃으면서 즐기는 토론을 경험했습니다.

토론이 너무 즐겁고 분위기가 가벼워진다고 해서 토론의 내용이 빈곤해지거나 형식 자체가 파괴되면 곤란하겠죠? 그래서 사회자한테는 적절하게 토론의 흐름과 분위기를 조절해 가는 운영의 묘가 필요합니다. 물론 토론자들이 토론의 형식이나 규칙을 잘 알고 있다면 크게 문제가 되지는 않습니다. 터부 토론은 교실 토론에서 가끔 활용해 볼 수 있는 건데요, 이 금기어의 규칙을 위반한 것에 대해서는 감점을 줄 수도 있으니, 양 팀 사이의 대결이 이루어지는 아카데미 토론에서

금지 단어 사용으로 벌칙입니다.

국민

ㅋㅋ

터부토론

도 터부 토론을 양념처럼 사용하면 매우 흥겨우리라 생각합니다.

　터부 토론의 또 다른 매력은 금기어를 피하려는 토론자들의 노력이 사고의 과정을 색다르게 만들어 준다는 점입니다. 금기어로 지정되면 같은 말이라도 다른 어휘를 선택해야 하기 때문에 사고 과정이 활발해지고, 하면 안 될 말을 가리다 보면 우리 사회에서 말을 함부로 할 때 나타나는 폐해 등에 대해서도 생각해 보게 됩니다.

　우리는 평소 머릿속의 여과 장치를 거치지 않고 말을 하는 경우가 종종 있습니다. 특히 학생들은 말에 대한 인식이 가벼운 경우가 많아서, '졸라', '니미', '씨팔' 등 아주 듣기 거북한 욕도 서슴지 않고 하곤 합니다. 이런 상황에서 터부 토론은 말과 의사소통의 어려움과 중요성을 새삼 깨닫게 해 줍니다.

　결론적으로 터부 토론은 찬성과 반대 측으로 나뉘어 토론을 통해 쟁점 사안에 대한 이해를 더 명확히 하고, 토론을 할 때 금기어를 활용함으로써 커뮤니케이션 능력을 향상시킬 수 있는 토론 방법으로, 역할 게임, 의사결정 게임, 의사소통 게임의 성격을 내포하고 있습니다.

자, 그럼 이제부터 터부 토론의 현장으로 들어가 보실까요?

터부 토론의 방법

배심원 토론의 경우를 예로 들어 설명하겠습니다.

가. 터부 토론의 준비

일반적인 토론을 할 때 준비하는 찬반 제비뽑기 쪽지나 마이크, 초시계 외에 반드시 준비해야 할 도구가 스티커입니다. 터부 단어를 말하는 토론자에게 진행 요원이 벌칙으로 얼굴에 스티커를 붙여 주어야 하니까요. 토론자가 터부 단어를 말했을 때, 대부분의 경우 진행 요원이나 토론 현장에 있는 사람들이 웃음을 지으면서 그 단어를 말했다고 이야기하는데, 좀 더 정밀하게 터부 단어를 확인하는 사람이 종을 준비해서 터부 단어 사용 여부를 알려 주는 역할을 하는 것도 좋습니다.

1) 각 팀 전략 회의(10분 내외)
   • 토론에 들어가기 전에 상대 팀에서 나올 이야기를 예상하고 그

에 대한 대응 논리를 생각합니다. 다른 토론과 마찬가지로 반론을 예상하며 핵심 주장과 논거를 정리합니다.

- 터부 단어를 선정합니다(2개). 논제와 관련하여 상대 팀의 주장에서 가장 많이 사용될 만한 결정적인 단어들을 터부 단어로 선정합니다. 홍길동전을 소재로 홍길동의 활동을 평가하는 토론에서는 백성, 국가, 국민, 법이라는 단어가 무척 자주 나옵니다. 이런 단어를 터부 단어로 먼저 정하면 상대방이 토론을 하는 데 매우 애를 먹습니다. 이때 정하는 터부 단어는 자기편에서는 자유롭게 말할 수 있지만 상대방이 말할 경우 벌칙을 받습니다.
- 주 토론자나 보조 토론자, 기자 등 각각의 역할을 정해서 어떤 주장을 하고 어떤 질문을 할 것인가를 미리 계획합니다.

2) 배심원 회의

- 찬성과 반대 팀이 전략 회의를 할 동안 배심원들도 따로 모여 회의를 합니다.
- 터부 단어를 선정합니다(1~2개). 찬성과 반대 양 팀 모두가 전략적으로 사용했을 때 승부에 결정적인 영향을 끼칠 단어를 선정합니다. 배심원이 정하는 터부 단어는 양측 다 벌칙의 대상이 됩니다.
- 배심원들의 심사(판결) 기준을 정합니다. 토론의 태도, 내용, 터부 단어의 사용 횟수 등 그날의 토론에서 가장 중요하다고 판단되는 기준들을 선정해서 발표합니다.
- 각 팀에 질문할 내용을 선정합니다. 토론 중간에 배심원이 질의 응답 시간을 가질 수 있으므로 양측에게 적절한 질문을 준비합니다.

3) 기자(찬성 / 반대 팀 각 1인)

- 각 팀을 대표하여 상대방을 비판하고 자기편을 옹호하는 기자들은, 사실을 어떻게 보도해야 자신이 옹호하는 입장이 유리할지 생각해 보고 인터뷰 내용을 작성합니다.

4) 진행 요원 선정

- 타임 키퍼 역할(시간 재기와 30초 전 종료 시간 알리기 등)
- 터부 단어 사용 알리미 역할(준비된 종을 쳐서 알린다.)
- 터부 단어를 말한 토론자에게 스티커를 붙이는 역할(얼굴에 스티커를 붙이면 재미있다.)

5) 준비물

- 찬반 쟁점에 대한 자료(신문, 잡지, 논문 등)
- 발언 시간을 알리는 종 등
- 아래 그림과 같은 좌석 배치

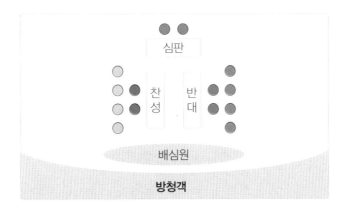

나. 터부 토론의 진행

자, 그럼 터부 토론의 진행 방법을 구체적으로 알아볼까요?

'터부 토론'은 학교나 기업 등의 일반 교육 현장에서 호응도나 적용도가 상당히 높은 토론입니다. 역시 사람들은 재미와 웃음을 좋아하는 까닭에, 포토 스탠딩이나 모서리 토론, 두 마음 게임과 더불어 이 터부 토론을 오래 기억하고 자주 사용합니다.

터부 토론 역시 다른 참여형 토론과 마찬가지로 다양한 토론 방법에 접목할 수 있습니다. 토론자들이 중간에 금기어를 어길 경우 벌칙을 적용하고 거기에 따른 점수를 더하거나 뺀다는 점에서 '배심원 토론'이 가장 효과적이라고 할 수 있습니다. 물론 원탁 토론이나 세다형의 토론에서도 활용은 가능하지만, 대회형 토론에 가까울수록 분위기에 어울리지 않을 수 있습니다. 이 때에는 토론 전체의 흐름을 깨지 않도록 주의해야 하겠지요. 여기에서는 앞에서 배운 배심원 토론의 형식을 예로 들어 설명을 해 드리겠습니다.

기본 구성원은 사회자(재판장)와 양측의 대표 토론자(2~3명), 보조 토론자(2~3명), 배심원과 기자 등입니다. 토론자와 배심원 등은 전체 토론 참가자의 숫자에 따라서 그 역할을 맡은 사람들의 수를 적절히 조정할 수 있습니다.

1) 토론자 역할 분담

토론 준비 단계에서 각 토론자들이 역할을 맡습니다. 교실 수업의 경우라면 전 시간에 미리 정하는 것이 좋겠지요. 최소한 사회(재판장)

와 보조를 1명씩 정합니다. 보조는 시간을 재거나 금기어 위반 여부를 표시합니다. 이때 금기어 판정과 점수 표시는 배심원이 할 수도 있습니다. 옆자리에 앉은 보조 사회자는 되도록 시간 체크만 하는 것이 좋습니다. 기본 토론 구성원으로 찬성과 반대 팀 각 2~4명 정도, 그리고 배심원 3~5명과 기자 1명씩을 정합니다. 그밖에 구성원이 더 있으면 보조 토론자로 2~5명 범위 내에서 정해 놓고, 나머지는 청중으로 구성하여 녹취를 하도록 한 후 나중에 소감을 발표하게 합니다.

2) 금기어 선정

찬성 측은 자신들이 말을 해도 무방하지만 반대 측 입장에서 자주 나올 말이라고 생각되는 단어를 금기어로 정하고, 반대 측 역시 자신들은 자유롭게 말할 수 있지만 찬성 측이 자주 말을 하여 걸려들 만한 금기어를 정합니다.

배심원은 심사 기준을 작성하고 양측 다 사용하면 벌칙을 받게 되는 금기어를 정합니다. 배심원장이 심사 기준을 정리하고 양측이 금기어를 정해서 발표하는 데 10분 정도의 시간이 소요됩니다.

3) 금기어 및 심사 기준 발표

금기어가 확정되었으면 사회자가 각 팀의 주장에게 금기어를 발표하게 합니다. 배심원장 역시 금기어와 심사 기준을 발표합니다.

4) 금기어 위반 시 벌칙

정해진 순서에 따라 사회자의 진행으로 찬성 반대 각 의견과 질문,

반론 등의 과정을 펴 나갑니다. 이때, 양측의 토론자들 가운데 배심원장이 제시한 금기어나 상대방이 정한 금기어를 발언하면 배심원단에서 금기어 반칙 확인을 맡은 사람이 즉시 손을 들어서 금기어를 위반했다는 사실을 알려 줍니다.

금기어 위반 사실이 알려지면 즉시 스티커 담당 배심원이 금기어를 발언한 사람의 얼굴에 예쁜 스티커 하나를 붙여 줍니다. 물론 이때 받은 스티커의 개수만큼 그 팀은 감점을 당하는 겁니다. 스티커 한 개당 감점 점수는 배심원단이 토론 전에 정합니다. 시간 반칙 등 수량화할 수 있는 점수의 경우 그때마다 표시를 해서 점수를 매겨 둡니다.

5) 소감 나누기 및 심사 결과 발표

토론을 마치고 소감 나누기를 하는 동안 배심원단은 제시한 심사 기준에 맞추어 심사를 하고 결과를 발표합니다.

터부 토론의 사례

다음은 김훈의 『남한산성』을 읽고 토론한 내용입니다. 배심원 토론에 터부 토론을 결합한 방식을 활용하였습니다. 지금부터 그 과정을 따라가 보도록 하겠습니다.

- **토론자** : 토론의 전사 2기
- **날짜** : 2009. 11. 17.
- **토론 방법** : 터부 토론 방식을 도입한 배심원 토론
- **역할(별칭을 사용함)**

  ㄱ. 사회자 - 지음

  ㄴ. 기록자 및 배심원 - 참감자

  ㄷ. 주화론 입장 - 감나무, 흰고래, 나타샤(기자)

  ㄹ. 주전론 입장 - lovemind, 독샘, 입수리(기자)

  ㅁ. 배심원 - 한통, 맑은샘
- **터부 단어**

  ㄱ. 배심원 - 백성(둘 다 사용 못함)

  ㄴ. 주화파 - 주체, 명분(주화파는 사용 가능하나 주전파가 사용하면 벌칙)

  ㄷ. 주전파 - 주전, 청(주전파는 사용 가능하나 주화파가 사용하면 벌칙)
- **토론 주제** : 살아서 죽을 것인가(주화파), 죽어서 살 것인가(주전파)

■ 1차 발언(입론)

주화파(감나무) │ 조선이 화친을 한 것은 시대 상황을 고려해 볼 때 살기 위한 결단이었다. 그에 알맞은 이유는 두 가지로, 첫째, 군사력의 절대적인 열세를 들 수 있다. 당시 임진왜란과 정묘호란을 치른 조선의 산과 들은 피폐해져 있었고, 군사력이나 사기 또한 저하되어 있어 다시 전쟁을 치르기 불가한 상태였다. 둘째, 전쟁이란 누구를 위한 것인가 하는 물음을 들 수 있다. 전쟁이

일어나면 가뜩이나 황폐해진 농토는 더욱 적어질 것이고, 이로 인해 나라를 유지할 군량미나 세금을 거둬들이기는 어려울 것이다. 더구나 남자들이 전쟁으로 모두 소집되어 나가서 죽거나 다쳐서 돌아오면 국력을 회복하기란 더욱 어려워질 것이다. 민초를 위한 전쟁이라고 하나 죽고 다치고 살기 힘들어지는 건 민초일 뿐이다.

주전파(lovemind) │ 화친을 통해 민초들의 삶을 보장할 수 있다면 기꺼이 화친하겠으나 그렇지 못하다. 그 이유로 첫째 **청**의 무리한 요구이다. **청**은 황금, 백금 1만 냥, 전마 3000필, 군사 3만 명 등을 요구했다. 화친을 한다면 그들의 가혹한 요구를 들어주어야 하는데 정당성도 없는 일에 민초의 고혈을 뽑아 그들의 배를 불려 준다는 데 찬성할 수 없다. 둘째, 이번 기회에 조선은 사대주의적 입장을 끊고 가려고 했다. 싸우지 않고 요구를 들어주면 더한 요구를 할 것이고 이런 기회에 힘을 결집해 싸움으로써 긴 사대주의의 끈을 끊는 기회가 될 수 있다.

(*주전파는 '청'을 발언할 수 있으므로 자유롭게 사용)

주화파(흰고래) │ 화친의 길이 외교적으로 옳은 선택이다. 외교는 두 개를 얻기 위해 하나를 버리는 것이다. 인조도 외교적으로는 화친이 옳다고 생각했으나 광해군에 반대하는 세력을 업고 반정으로 왕위에 오른 까닭에 섣불리 화친하지 못했을 뿐이며, 친명배금의 **명분** 때문에 어쩔 수 없이 **주전**을 선택했던 것이다. 삶은 굴욕을 감내하는 것이다. **청**과 좋은 관계를 유지하고 **명분**을 벗어나 실리를 취하여 북학파가 등장하고, **청**의 문물을 받아들여 나중에 새로운 국력 상승의 기회를 얻지 않았는가?

(*주화파는 '명분'은 사용 가능하나 '주전'을 한 번, '청'을 두 번 사용하여 벌칙 3개)

주전파(독샘) │ 수세에 몰린 상태이나 충분히 승산이 있는 싸움이다. **청**은 본국에서 멀리 떨어진 상태이며 오랜 원정으로 지치고 느슨해져 있다. 싸움이 오랠수록 오히려 본국인 우리가 유리할 수 있다. **청**은 오는 길에 싸움을 하지 않고 그냥 지나쳐 왔으므로 의주 쪽이나 북쪽 군사들의 손실은 크지 않다.

또한 아래쪽으로 내려가지 않았으니 삼남의 군사들도 남아 있다. 의주와 삼남의 군사들이 연합만 한다면 작전을 잘 펼칠 수 있다. 또한 명나라도 이 기회에 **청**을 치는 기회로 삼아 같이 손을 잡을 수도 있다. 남한산성은 천혜의 공성으로 1대 10의 위력을 가지고 있다. 수는 적지만 충분히 가능한 일이다. 왜 제대로 싸워 보지도 않고 전쟁에 승산이 없다고만 생각하는가?

■ 기자 취재

주화파(나타샤) │ 사대주의의 끈을 끊는다는 것이 무슨 뜻인가? 명과의 사대를 유지하고 있으면서 후금과의 사대주의만 끊겠다는 것은 무슨 의미가 있는가?

주전파(lovemind) │ 외세와의 동맹을 끊고 완전한 자주성을 유지하기는 어렵다. 그러나 이번 기회에 명과의 사대도 이전과는 좀 다른 모습이 될 수 있을 것이다.

주전파(입수리) │ 선량한 **백성**의 편안한 삶을 위해 화친이 필요하다고 했는데 정말 화친으로 **백성**이 편안해질 것인가? 무리한 요구는 오히려 백성에게 나라에 대한 원망만 키우지 않았겠는가?

주화파(감나무) │ 전쟁은 죽음을 담보하는 것이다. 정도나 비참함에 있어서 어려움을 견디는 것보다 더하지 않겠는가? 남한산성은 왕권의 수호만 상징한다. 그것을 지켰다고 해서 **백성**의 삶이 편안하지는 않았을 것이다. 백성을 위한 가장 합리적인 길이 무엇인가를 찾았을 뿐이다.

(*주전파와 주화파 각각 '백성'을 2회, 1회 발언했기 때문에 벌칙을 받음)

■ 최후 변론

주전파(독샘) │ 가치를 위해 죽음을 선택한 일이 많았다. 시대의 흐름에 따라 선택해야 했다고 말하는데 인조의 정치는 명나라와의 외교를 통해 실리를 취하는 것이었다. 이 소설은 무기력하게 수성하는 인조의 모습만을 보이고 있는데, 사실 인조는 자신의 가치를 지키기 위해 끝까지 노력한 인물이었다. 싸우고자 하는 의지를 번번이 꺾었던 사람들은 실리를 주장하는 최명길과 같은 주화파들이다. 왕권과 지배층은 정묘호란 이후 화친하지 않기로 결정했고, 힘들지만 그 약속을 지키느라 최선을 다했을 뿐이다. 어려운 상황에서 가치를 지키고 노력하는 모습에 힘이 되어 주었어야 했다.

주화파(감나무) │ 많은 전쟁을 겪었던 당시 상황은 매우 어려웠다. 이런 상황에서 정말 **백성**을 위한 것은 무엇인가 생각해 보자. 이렇게 힘든 상황에서 다시 한 번 전쟁을 감행한다는 것은 전멸한다는 것을 의미한다. 강대국이 **주전**하자고 하면 영토가 확장되지만 약소국이 **주전**하자고 하면 역사에서 사라질 수 있다. 외교는 실리가 중요하다. 명은 지는 나라이고 청은 뜨는 나라다. **청**과의 관계 모색으로 동아시아에서 중흥의 기반을 마련하는 기회가 될 수도 있다. 그리고 실제로 이후 물리적인 이득(화약이나 과학 기술력 향상 등)을 얻기도 했다. 광해군의 북벌론은 실천이 아니라 실리를 위한 외교적 몸짓일 뿐이다. 외교에서 중요한 것은 의리가 아니라 **백성**의 삶을 안정시키고 국력을 키우는 것이다. 진정한 지도자는 가치나 대의**명분**에 얽매이지 않고 **백성**들의 삶을 최대한 편안하게 하는 사람이다. 그런 의미에서 화친은 필요한 선택이었다.

(* '백성', '주전', '청' 등 다수 발언으로 대량 벌칙)

■ 논평자 발언

주화파(나타샤) │ 대의**명분**과 실리의 싸움이었다. 그러나 결정을 할 때 가장 중요한 것은 **백성**들의 아픔을 줄이고 피해를 최소화하는 것이다. 그것이 지도자의 역할이다. 전쟁은 가장 마지막 보루로 남겨 두어야 하는 것이다. 한 번

결정한 것을 쉽게 바꾸지 못하는 사람들은 실제로 몸을 움직이지 않는 지배층들이다. 그들이 삶의 제일선에 서서 직접 몸으로 움직이고 정세를 파악했다면, 그렇게 산성에 들어앉아 전쟁을 하자고 말로만 하지 못했을 것이다. 진정한 승리가 무엇인지 다시 한 번 생각해 보자.

(*주화파는 '명분'은 발언할 권리가 있으나 '백성'은 안 되므로 1회 벌칙)

주전파(입수리) │ 주화파는 화친을 해야 한다는 것에 대해 두 가지 이유를 들고 있다. 첫째는 **백성**들의 편안한 삶을 위한다는 것이고, 둘째는 외교적으로 옳은 선택이라는 것이다. 주화파는 부당한 것이라도 삶이 더 중요하다고 계속 주장하고 있다. 약소국의 **백성**으로 사는 삶은 고단하다. 약소국의 이 비루한 삶의 고리를 어떻게 끊어야 할 것인지 주화파는 대답해야 할 것이다.

(* '백성'을 두 번 발언하여 2회 벌칙)

■ 배심원 판결(이 부분에서 금기어를 없앰)

배심원단(한통, 맑은샘) │ 주화론 입장에서는 국사를 보전하고자 하는 이유와 실리적 외교의 측면에서의 중요성을 잘 설명했으며, 주전론 입장에서는 승리의 가능성과 신념과 명분의 중요성에 대해 잘 말해 주었다. 주화론이 좀 더 논리적으로 입장을 정리했으며 질문도 좋았으나 감점을 많이 받았다. 주전론은 처음 시작할 때 그 쪽에 마음을 두고 오지 않아 논리를 잘 댈 수 없을 것 같았는데 외로이 남한산성을 잘 지키며 열심히 토론해 주었다. 솔직히 막상막하라 가리기가 어려우나 감점이 주화 쪽이 좀 더 많으므로 주전파 측이 승리한 것으로 하겠다.

이처럼 금기어를 위반할 때마다 토론의 중간중간에 얼굴에 스티커를 붙이는 벌칙을 줍니다. 배심원단은 이를 감점 처리하면서 판결의 근거로 삼습니다. 여러 사람의 웃음 속에서 토론의 맥이 살짝 끊기기

도 하지만, 토론 분위기를 살리면서 유쾌한 기분으로 토론을 이어가
도록 합니다.

터부 토론 시 주의 사항

❶ 터부 토론의 금기어 사용시 가하는 벌칙은 토론에 활력을 불어넣
어 주지만, 논리적 흐름에는 방해가 될 수도 있습니다. 토론의 재
미에 초점을 맞출 것인지, 혹은 논리성에 초점을 맞출 것인지는 터
부 토론 이전에 판단을 합니다. 두 가지를 다 성공적으로 수행하면
가장 이상적이지만 때로 한쪽으로 치우칠 수 있습니다. 미리 학생
들에게 터부 토론의 두 가지 요소를 말해 주고, 재미난 상황이 벌
어지면 충분히 즐기되 토론 본연의 흐름에서 벗어나지 않도록 주
의를 줍니다.

❷ 터부 토론 중간에 금기어를 말하면 얼굴에 스티커를 붙이는 벌칙
을 줍니다. 토론자는 자기 발언이 끊기면서 얼굴에 스티커를 붙여
야 하므로 자기가 주장하던 논리적 흐름이 끊길 수 있습니다. 따라
서 스티커를 얼굴에 붙이는 것은 진행하던 발언을 어느 정도 마무
리 한 다음에 합니다.

❸ 토론이 어느 정도 진행되면, 금기어가 있는 경우와 없는 경우를 비
교해서 느껴 보기 위해 중간에 금기어를 푸는 경우가 있습니다. 이

때 금기어를 풀어줌으로써 느껴지는 자유로움이 토론자들에게 어떻게 인식되는지 말해 보게 하는 것도 좋습니다.

❹ 터부 토론을 마친 뒤에는 금기어 사용과 스티커의 효과에 대해서 같이 의견을 나누도록 합니다. 왜 토론에 금기어를 사용했는지, 금기어를 사용할 때의 효과와 어려움은 무엇인지, 스티커의 활용은 적절했는지 등의 의견을 나누어 보면 학생들이 터부 토론의 취지를 더 잘 이해하게 됩니다.

터부 토론의 활용

터부 토론은 형식적인 측면에 있어서 토론 자체로서의 고유한 특성을 갖고 있지는 않습니다. 금기어를 정하고 그에 따른 적절한 벌칙을 부과하면서 토론에 활력을 불어넣는 것이 터부 토론의 목표이기 때문에, 배심원 토론이나 원탁 토론, 모의재판 토론 등 다양한 토론 방법에 연결하여 응용할 수 있습니다. 늘 진지한 토론만 하다가 한 번쯤 새로운 토론 분위기를 만들어 보고 싶을 때 터부 토론을 활용하면 아주 유용합니다.

12 토론의 극적 재미

– 모의재판 토론

판사

검사   서기   변호사 피고인

증인석

배심원단

검사 측 방청객   변호사측 방청객

최종 판결을 하겠습니다. 피고가 저지른 일련의 행위들이 사적 이익이나 개인적인 권력욕에 의한 것이 아니라 공적인 이상 실현이나 사회 정의를 위한 것이었다는 점을 인정합니다. 왜냐하면 행동의 일관성이 있기 때문입니다. 피고가 초란을 죽이지 못하고 집을 나온 행위 자체가 엄격한 가부장 사회의 집안에서 그가 얼마나 무력한 존재였는가를 보여 줍니다. 따라서 피고가 집을 나올 수밖에 없는 상황이었다는 점이 인정이 됩니다. 또한 피고는 활빈당이라는 청렴함을 강조하는 조직을 만들었습니다. 피고는 활빈당을 같은 서얼들의 힘을 규합해서 만든 것이 아니라, 세상에서 천대받는 민중들을 모아서 만들었습니다. 피고가 힘의 대결을 통해서 두목의 자리를 차지하고 이를 바탕으로 동료 관계를 만들었다는 것을 봤을 때도 개혁성이 인정이 됩니다. 그 후 탐관오리를 처벌하는 행위는 공적 이상 실현이라는 목표 아래서 일관성이 있다는 것이 맞습니다. 병조 판서를 제수받아서 조선의 질서를 바로 잡으려고 했던 행동 자체도 일관성이 있습니다. 사적 이익은 없었던 것으로 보입니다.

길동의 죄목 중에 먼저 내란죄를 살펴보면, 다소 사회 질서를 소란하게는 하였으나 국가 전복의 혐의는 없었다고 봅니다. 왕위를 노리지 않았기 때문입니다.

사회 질서를 어지럽히고 백성들을 혼란에 빠뜨렸다는 부분은 수백만 백성의 서명을 참고했습니다. 이 백성들은 당시 그러한 불편을 기꺼이 감수했다고 합니다. 간혹 불편함을 토로하는 백성들을 이기적이라고 말하는 분위기였다고 합니다. 또한 「홍길동전」이라는 이 책이 회자되고 길이길이 기억되고 있는 이유 자체도 그런 분위기를 반영하는 것이라고 봅니다. 그래서 그런 부분에서 혐의가 없다고 인정됩니다.

살인죄는 특재와 관상녀 2명이 해당됩니다. 특재는 전문 킬러이기 때문에 정당방위가 인정됩니다. 관상녀의 경우도 마찬가지입니다. 당시 가부장제의 사회 속에서 관상녀를 살려 두었다면 길동의 생존조차 보장이 되지 않았을 것입니다. 가부장에 의한 처벌이 허용되는 밀폐된 사회였기 때문에 피고는 자기의 생존을 위해서 관상녀를 죽인 것으로 보입니다. 따라서 이 또한 정당방위로 인정이 됩니다.

결론을 내리면, 피고에게 1년을 선고하고자 합니다. 아쉬운 점은 홍길동 피고가 끝까지 책임 있는 태도를 보여 주지 못했다는 것입니다. 피고는 자신이 바꾸려고 했던 사회의 백성들을 버리고 율도국으로 떠났습니다. 자신이 꿈꾸는 이상 사회를 실현하지 못했다고 해서 공동체와 조직을 버리고 떠난 것은 책임 있는 행위가 아닙니다. 피고는 1년을 복역한 후 노숙자 쉼터에서 3년 간 근무를 하십시오. 이 기간 동안 자숙하면서 조선 사회에서 할 수 있는 일이 무엇인지 생각하기 바랍니다. 그 뒤에 세상을 위해 마음껏 재능을 펼쳐 주시기를 바랍니다.

– 토론의 전사 7기, 「판사, 피고 홍길동 판결문」 중에서

모의재판 토론과 소설

『유진과 유진』(푸른책들, 2004)이라는 소설을 읽어보셨는지요?

'큰 유진'과 '작은 유진'이라는 동명이인의 두 중학생 소녀가 어린 시절 같은 유치원에서 겪은 성폭력 문제를 다룬 가슴 아픈 청소년 성장 소설입니다. 이 작품은『너도 하늘말나리야』(푸른책들, 2002)라는 소설로 널리 알려진 작가 이금이 선생님의 작품입니다.

모의재판 토론을 설명하면서 이 작품을 거론하는 까닭은, 여러 선생님들과 독서 토론 연수를 하면서 이 작품을 가지고 여러 차례 모의재판을 해 보았는데, 책의 소재와 주제, 인적 구성 등이 모의재판에 아주 적절했기 때문입니다.

토론의 논제는 유치원 원장한테 성폭행을 당한 두 아이, 큰 유진과 작은 유진의 두 엄마가 취한 행동의 차이에서 찾을 수 있습니다. 큰 유진의 엄마는 아이 잘못이 없다면서 큰 유진을 격려하고 그 상처를 무난히 치유할 수 있게 도와줍니다. 반면 작은 유진의 엄마는 아이의 몸을 박박 씻기면서 그 상처를 기억 속에서 지우라고 윽박지릅니다. 그 결과 작은 유진은 상처의 기억조차 잊고 살게 됩니다. 하지만 중학교에 올라 큰 유진을 만나게 되면서 어린 시절 상처는 의식의 표면으로 떠오릅니다. 작은 유진에게는 성폭력의 상처도 문제지만 그 상처를 기억에서 강압적으로 지우려 했던 엄마의 행동이 더 큰 문제였습니다. 바로 이 점이 모의재판의 소재가 될 수 있었던 것입니다.

물론 이 사안에 아동학대죄를 적용한다 하더라도 법적으로 기소될 일은 없겠지요. 하지만 이런 엄마의 행동은 충분히 법정에서 재판을 받을 만한 잘못으로 보였습니다.

작품을 읽고 하는 모의재판 토론의 내용이 실제 우리 사회에서 실정법을 어긴 사례에 반드시 적용되는 것은 아닙니다. 하지만 모의재판 과정을 거치면서 작품의 내용을 더 깊이 이해하게 되고, 또 평소 자신이 가지고 있는 가치관을 다시 한 번 돌아보게 되는 것입니다. 참고로 이 책의 말미에서 작가는 다음과 같은 말을 합니다.

어떠한 상황 속에서도 '자신을 사랑하는 일을 포기하지 말라.' 라고 하고 싶습니다. 자신을 사랑하는 일은 상처를 치유하는 첫걸음일 것입니다. 소설 속에서 희정이가 작은 유진이에게 해 준, "시작은 누구 때문이었는지도 모르겠지만 결국 자신을 만드는 건 자기 자신이지. 살면서 받는 상처나 고통 같은 것을 자기 삶의 훈장으로 만드는가 누덕누덕 기운 자국으로 만드는가는 자신의 선택인 것 같아." 라는 이야기를 청소년들에게도 들려주고 싶군요. 청소년 모두는 한 사람 한 사람이 다 하늘의 별처럼 의미 있고 소중한 존재들이니까요.

– 「작가 인터뷰」 중에서

우리가 토론을 공부하고 교육하는 목적이 말싸움 능력만을 키우는 데 있지는 않습니다. 작가가 한 말처럼, 토론의 과정을 거치는 동안 학생들 한 사람 한 사람이 모두 하늘의 별처럼 소중한 존재라는 사실을 깨달을 수 있다면, 토론을 교육하는 입장에서 더 바랄 것이 없겠지요.

모의재판 토론의 취지

　재판을 토론에 도입하면 토론자마다 개별적인 역할을 맡아서 토론을 하므로 극적인 재미를 더할 수 있습니다. 찬성과 반대 역할을 맡은 변호사와 검사 외에도 증인, 피고 등의 역할을 맡아서 토론을 하므로 극적인 효과를 살릴 수 있는 것이지요.

　모의재판 토론의 취지를 이야기하기 전에 우선 영화「라쇼몽(羅生門)」(구로자와 아키라, 1950)을 소개하고 싶습니다. 이 영화는 일본의 명감독 구로자와 아키라가 만든 작품으로 '고전 영화 100선' 같은 명화 소개를 보면 빠지지 않고 나오는 일본 영화입니다.

　전국시대 어느 무렵, 혼란스런 세파를 거치며 반쪽만 남은 '라쇼몽(羅生門)'의 폐허 앞에 나무꾼과 스님이 앉아 대화를 나눕니다. 나무꾼은 사흘 전 일어난 살인 사건의 재판에 증인으로 참석하고 온 길이지요. "모르겠어. 정말 모르겠어."라고 중얼거리는 나무꾼은 지나가던 농부에게 사건 이야기를 들려줍니다. 이 영화의 스토리는 일곱 개의 진술로 구성됩니다.

❶ 시체를 최초로 목격한 나무꾼의 목격담
❷ 죽은 남자와 그 아내의 마지막 모습을 본 스님의 목격담
❸ 죽은 남자의 물건을 가지고 있던 도적 타조마루를 잡은 농부의 보고
❹ 도적 타조마루의 진술
❺ 도망쳤다 발견된 아내의 진술

❻ 무당의 입을 빌린 죽은 남자의 진술
❼ 재판이 끝나고 나서 자신이 숨겼던 것들을 말하는 나무꾼의 마지막 이야기

    사건의 당사자가 아닌 목격자의 증언을 제외하면, 사건이 본격적으로 재구성되는 것은 네 번째부터인데, 재미난 사실은 같은 사건을 겪은 당사자들의 진술이 각자의 입장대로 각색되어 서로 모순되고 있다는 점입니다. 타조마루, 죽은 남자, 아내, 나무꾼, 이렇게 네 사람의 진술이 다 진정성을 가지면서도 서로 다르다는 것이지요.

    정우성이 출연한 영화 「호우시절」(허진호, 2009)에서도 두 사람의 추억담이 나오는데, 한 사람은 키스를 했다고 하고 다른 사람은 키스한 적이 없다고 하지요. 누구의 기억이 진실일까요?

    영화 「라쇼몽」에서 카메라의 위치는 관청에 앉아 관련자들의 이야기를 듣고 있는 재판장의 시선에 맞추어져 있습니다. 제삼자의 입장에서 사건의 실체를 파악해 결론을 내려야 할 책임이 있는 재판장과 관객의 시선이 동일시되지요. 마치 등장인물들이 관객에게 직접 이야기하며, 그저 구경꾼 입장에서 보고만 있을 게 아니라 잘 생각해 보고 판단을 내려 달라고 청하는 것 같습니다. 여러 사람의 이야기를 듣는 우리는 과연 진실에 다가갈 수 있을까요?

    일반적으로 재판은 어느 한쪽의 주장이나 논리에 대한 모순을 극복하고자 변호와 반론을 보장하는 제도입니다. 우리가 모의재판을 통해서 토론을 공부하려는 까닭도 여기에 있습니다. 모의재판 토론을

해 보면 학생들은 그 동안 진리라고 받아들인 생각 속에 감춰진 오류를 파악하고 흑백 논리의 편견을 파헤칠 수 있습니다. 나아가 인간 세상의 복잡함과 각자가 주장하는 부분적 진실에 조금 더 다가가는 경험을 하기도 합니다. 그런 점에서 모의재판은 또 하나의 토론 방식으로 깊이 있게 훈련해 볼 만합니다.

모의재판 토론의 방법 및 사례

자, 그럼 모의재판은 어떻게 구성되며 어떻게 진행하는지를 고전 「홍길동전」이라는 작품을 통해서 살펴보겠습니다. 「홍길동전」의 내용은 대체로 잘 알고 있으므로 홍길동을 피고 삼아 재판을 진행해 보겠습니다.

가. 사전 준비

가장 먼저 할 일은 재판에 대한 준비겠지요. 다음과 같은 방법으로 재판을 하기 위한 준비를 합니다.

1) 주제 선정

재판을 하기 전에 가장 먼저 해야 할 일은 모의재판 토론을 진행할 주제를 선정하는 것입니다. 주제는 언론에 오르내리는 주요 사회 현안 중에서 선정할 수도 있고, 동서양의 다양한 문학 작품 속에서 뽑아낼 수도 있습니다. 교과서에 실려 있는 문학 작품을 텍스트로 삼아도 좋겠지요. 여기서는 '홍길동은 유죄인가?'로 하겠습니다. 구체적인 죄목은 나중에 검사의 기소문을 통해서 살펴볼 수 있습니다. 홍길동의 활빈당 활동과 율도국 건설 행위 등이 법을 어긴 것인가를 논해 보려는 것입니다.

2) 상황 분석

주제를 선정했으면, 상황을 충실하게 이해하는 것이 중요하겠지요. 작품을 충실하게 읽어 인물의 심리 및 그 인물이 처해 있는 시대적 상황에 대해 확실하게 이해해야 합니다.

3) 주제와 재판에 대한 심층적 이해

주제의 문제의식을 분석, 공유하고 작품에 대한 이해도를 높여야 합니다. 소설 원문과 해설서들, 「모범시민」과 「아저씨」 같은 사적 처벌을 다룬 영화, 주제와 관련된 다양한 신문 기사 등을 활용하는 것이 도움이 됩니다. 또 「도가니」, 「의뢰인」 같은 좋은 법정 영화를 시청하는 것도 재판 과정을 이해하는 데 좋습니다.

4) 역할 선정

재판장과 검사, 변호사, 피고와 증인 등을 필수적으로 정해야 합니다. 이 가운데 가장 중요하고 어려운 역할이 검사와 변호사입니다. 피고의 유무죄를 다툴 핵심 증거들을 확보하고 신문을 통해서 치열한 논리적 공방을 벌여야 하기 때문입니다.

주요 역할 외에 나머지 사람들은 교육적 효과를 높이기 위해 배심원의 역할을 맡게 합니다. 배심원 토론에서 배운 내용들을 접목시키는 것도 매우 효과적입니다. 일반적인 형사소송의 경우 필수 역할은 다음과 같습니다.

- 판사
- 서기
- 피고인(홍길동)
- 검사(2인)
- 변호사(2인)
- 배심원단
- 증인들(홍 판서, 홍길동의 부하, 백성, 사또, 허균 등)
- 법원 경찰

5) 사전 토론 진행

논리적 근거를 마련하기 위해 피고의 특정 행위에 대한 모서리 토론이나 찬반 토론을 먼저 진행해 보는 것도 좋습니다. 예를 들면 피고가 벌인 행위에서 동기가 중요한가 결과가 중요한가를 따져 보는 등 토론의 주제나 진행과 관련하여 연관이 있을 만한 내용들을 사전에 가볍게 토론해 보는 것입니다.

6) 좌석 배치

모의재판 토론을 하면서 좌석 배치를 할 때는 다음 그림처럼 재판 법정과 같은 형태로 합니다.

나. 모의재판(형사소송의 경우)의 진행 순서

1) 재판장의 개정 선언

재판장이 입정을 해서 자리에 앉으면 일어서서 기다리던 나머지 모든 사람들이 자리에 앉습니다. 그리고 재판장은 재판의 개요를 담은 내용을 바탕으로 개정을 선언합니다.

재판장 | 사건 번호 20110113 '홍길동의 사적 처벌 행위는 법적 처벌을 해야한다.'에 대해서 재판하겠습니다. 검사 측 공소장 낭독해 주십시오.

2) 검사 측의 공소

재판은 검사의 공소로부터 시작됩니다. 피고에게 죄가 있고 그 증거가 확실하다고 판단되면 검사는 공소를 제기합니다. 그리고 재판부가 이를 받아들이면 재판이 진행됩니다. 검사의 공소는 재판을 진행하는 근원이 되며 일반적인 토론 논제의 핵심 논점이 됩니다. 예를 들어 보지요.

검사 │ 본 검사는 피고인 홍길동에게 살인죄, 특수절도죄, 내란죄와 공무집행방해죄를 적용하여 공소하고자 합니다. 사건의 경과는 다음과 같습니다. 홍길동은 초란과 불화를 일으키고 자신의 방으로 찾아 온 특재를 칼로 죽였으며 공모자 관상쟁이도 단칼에 살해하였습니다. 그 후 가출하여 폭력단에 가입해 두목이 된 후 폭력을 조직화했습니다. 그리고 치밀한 사전 조사를 통해 범죄 대상을 탐색하고 범행을 계획했습니다. 해인사 습격 사건의 경우, 명문가의 도령으로 위장하여 해인사에 들어가 승려들을 안심시킨 뒤, 밤에 공범들을 불러들여 해인사의 재산을 약탈했습니다. 신고할 수 없도록 승려들을 감금했을 뿐 아니라, 돌아가는 길에는 관군에게 거짓 정보를 주어 공무 집행을 방해했습니다. 또한 그렇게 탈취한 재물을 가난한 백성들에게 나누어 주었으며, 활빈당이라는 이름을 남겨 자신을 영웅시함과 동시에 공권력을 조롱했습니다. (후략)

3) 변호사 측 변론

검사의 공소가 부당하다는 변호사 측의 반론입니다. 공소된 죄명의 사실들이 문제가 있다는 것을 핵심적으로 요약하여 제시합니다.

변호사 │ 친애하는 재판관님, 배심원 여러분! 국가가 존재하는 이유는 무엇일까요? 국가는 국민들의 삶의 질을 높이기 위해 존재하는 것입니다. 그러나 한 국가의 왕이나 지배층인 양반들이 국민을 돌보지 않고 자신의 삶만 돌본다면 국가는 어떻게 될까요? 당연히 그 국가는 붕괴될 수밖에 없습니다. 이렇게 붕괴된 국가에서는 국민을 위한 지도자가 필요하게 됩니다. 홍길동이 살았던 때가 바로 그런 때였습니다. 홍길동은 무능한 지도자를 대신해야 한다는 사회적 요구에 의해 활빈당 활동을 할 수밖에 없었습니다.

홍길동이 살았던 시대는 첫째, 서얼의 자식으로 태어나면 호부호형도 할 수 없는 시대였습니다. 능력이 있어도 서얼의 자식이기 때문에 자신의 능력을 펼 수 없었던, 인재 등용에 있어 심각한 문제점을 안고 있던 사회였습니다. (중략)

셋째, 홍길동은 사또도 왕도 해결하지 못한 사회적 문제를 해결하기 위해 자신의 목숨을 걸고 활동했습니다. 이렇게 자신의 전부를 걸고 행동한 홍길동의 범죄를 물으려면 먼저 자신의 역할을 제대로 수행하지 않은 왕과 양반들의 죄를 물어야 합니다. 홍길동의 죄는 그 후에 따져야 할 것이라고 생각합니다. 이상 변호인 변론을 마치겠습니다.

4) 피고인 신문

검사는 피고를 직접 불러서 상황에 대한 해명을 듣고 증거 자료를 바탕으로 피고의 유죄를 증명합니다. 피고는 진술을 거부할 권리를 가지지만, 토론에서는 적극적으로 자신을 변호하는 것이 좋습니다.

홍길동 | 선서. 진실만을 말할 것을 맹세합니다.

검사 | 당시 사회에는 양반과 평민, 노비들이 있었습니다. 피고가 생각하기에 노비와 평민, 서자 중에 누가 더 불평등한 사회에 살고 있다고 생각합니까?

홍길동 | 노비와 평민과 서자 중에 누가 가장 불평등하냐고요? 그 당시에 양반과 평민 그리고 노비를 구분 짓는 신분 제도가 우리들에게 사회적인 차별을 가했었기 때문에, 신분 제도가 존재했다는 것 자체가 사회적인 문제라고 생각합니다. 다 불평등한 사회 제도 속에서 피해를 받고 있지 않았을까요?

검사 | 그렇다면 피고는 평민들의 불평등에 대해서 한 번이라도 얘기한 적 있습니까?

홍길동 | 항상 평민, 노비, 서자들이 모두 다 불평등하다고 생각해 왔었고, 아버지에게도 제가 서자로서 종들에게 천대받고 여러 사람에게 차별을 받아왔음을 이야기한 적 있습니다. (후략)

5) 증인 신문(검사 측, 변호사 측)

검사 측과 변호사 측은 본인들에게 필요한 핵심 증인을 신청해서 신문을 하고 상대 신문이 끝난 뒤에는 반대 신문을 합니다. 반대 신문 후에는 추가 신문을 할 수 있습니다. 검사와 변호사의 신문이 모의재판 토론의 핵심이긴 하지만 너무 오랜 시간이 걸릴 수 있으므로 증인의 수와 질문 개수, 시간 등을 미리 정할 수 있습니다.

검사 | 백성을 증인으로 신청합니다. …… 백성은 홍길동에게서 뭘 얻은 적이 있나요?

백성 | 예. 제 얘기 좀 해도 되겠습니까?

검사 | 뭘 얻으셨나요?

백성 | 어느 날 홍길동 선생님께서 쌀 한 가마니와 닭 한 마리를 저희 집에 보내 주셨습니다. 사또는 먹어서 없앨 닭 한 마리지만, 저는 그 닭이 낳은 알을 장에서 바꿔다가 어머니 약도 해 드리고 애들 책도 사 주고 양식도 바꿔 먹고 그랬습니다. 홍길동 선생님은 죄가 없습니다.

검사 | 그것이 피고인이 도둑질을 해서 준 것이란 것을 알았습니까? '네, 아니오'로만 대답해 주십시오.

백성 | 모르겠습니다. 도둑질이라고 생각한 적 없습니다. (후략)

6) 배심원의 질문

공식 재판에서는 배심원들이 질문을 할 수 없지만, 교육 현장에서는 배심원단도 필요에 따라 한두 가지 질문을 할 수 있습니다. 토론에서는 청중들이 자칫 구경꾼만 될 수 있습니다. 따라서 청중이자 배심원을 맡은 사람들의 역할을 좀 더 적극적으로 설정하는 것입니다.

7) 검사의 구형

신문이 끝나면 검사는 죄의 크기에 따라 판정한 형량을 재판부에 전달합니다. 보통 검사들은 죄명에 따른 형량의 최대치를 제시합니다. 재판 과정에서 변호사 측에게 논리가 많이 밀렸다면 다소 축소될 수도 있습니다. 검사의 구형은 좀 과장된 경우도 많으며 반드시 판사의 형량과 일치하지 않음을 미리 알려 줍니다.

검사 | (전략) 이상적인 정치가 그의 목표였다면 그것을 이루기 위한 방법과 수단도 정당해야 합니다. 목적이 옳다고 수단이 모두 정당화되지 않습니다. 성공한 쿠데타라고 해서 그것이 합법적인 것은 아닙니다. 피고인은 많은 이들을 죽였고, 백성들을 두렵게 했으며, 나라를 어지럽혔습니다. 하지만 피고인은 이에 대한 일말의 반성의 빛도 보이지 않고 있습니다. 따라서 피고인의 죄질이 결코 무겁지 않다고 할 수 없습니다. 피고인에게 다음과 같이 구형을 합니다. 형법 제87조 내란죄, 형법 제136조 공무집행방해죄, 형법 제250조 살인죄, 형법 제331조 특수절도죄를 적용하여 사형을 구형합니다.

8) 변호인단 최후 진술

변호인은 검사의 구형에 따른 반론 차원에서 재판 정리문을 제시합니다. 유무죄를 다투는 상황이라면 변호인은 피고의 죄가 결코 성립하지 않음을 호소합니다. 피고의 죄가 확실한 경우에는 검사의 구형이 지나치다는 점을 설득하거나 피고를 선처해 줄 것을 호소합니다.

변호사 │ 친애하는 재판관님, 배심원 여러분! 국가의 존재 이유에 대해 다시 생각해 주시기 바랍니다. 국가는 오로지 국민들을 위해 존재해야 합니다. 그러나 국가를 운영하는 왕과 지배층이 자신들의 이익만 앞세우는 상황에서, 그 국민들은 과연 어떤 삶을 살 수 있을까요? (중략)

홍길동은 서얼의 자식으로 태어나 인간으로서의 존엄성을 전혀 인정받지 못했습니다. 이런 상황에서 자신의 목숨까지 위태로웠습니다. 따라서 홍길동은 자신의 안전을 위해서 어쩔 수 없이 살인을 저지르게 되었습니다. 그러므로 홍길동의 살인은 정당방위입니다. (하략)

9) 피고의 최후 진술

피고 입장에서 검사의 구형에 대한 반박을 합니다. 죄가 없는 상황에서 검사가 부당하게 공소를 제기한 것이라면 그에 따른 합리적인 논지를 펴고, 죄를 인정한다면 그 불가피성을 제시하면서 선처를 구합니다.

홍길동 │ 저는 서자로 태어나 어린 시절부터 많은 차별을 받으면서 아픔을 겪어 왔습니다. 가족인 아버지를 '아버지'라 부르지 못하였고, 종들로부터도 멸시와 천대를 받아 왔습니다. 모순된 사회 속에서 신분 차별을 받으며 서러움과 억울함을 안고 자라 온 것입니다. 그러다가 초란의 음모로 관상녀와 전문 킬러인 특재에게 살해를 당할 처지에 놓이게 되었습니다. 그들과의 대결 과정에서 어쩔 수 없이 살인을 저지르게 되었습니다만, 그것은 어디까지나 정당

방위 차원이었습니다. (하략)

10) 배심원 판결

판사의 판결에 앞서 배심원단이 토론을 통해 의견을 모으고, 그 결과를 재판부에 전달하거나 전체 앞에서 공개합니다.

배심원 │ 홍길동은 아주 뛰어난 능력을 가지고 있었음에도 불구하고 불합리한 사회 속에서 차별을 받으면서 살았습니다. 검사 측에서는 살인죄, 특수절도죄, 내란죄, 공무집행방해죄를 들어 홍길동에게 사형을 구형하였습니다.

먼저 살인죄에 해당하는 내용을 보겠습니다. 홍길동이 자신을 살해하려고 했던 특재와 관상녀를 죽인 것은 살인에 해당됩니다. 물론 살인은 옳지 못한 행동이지만, 자신이 살해를 당할 수도 있는 상황이었기 때문에 이 부분은 정당방위에 해당합니다. 길동도 우리와 똑같은 사람입니다. 좀 더 이성적으로 행동했으면 좋았겠지만 신이 아니기 때문에 실수를 할 수도 있다고 봅니다. 그리고 당시에 길동은 나이가 어렸기 때문에 이 부분에 대해서도 정상을 참작해야 할 것 같습니다.(후략)

11) 판사의 최종 판결(판결문 낭독)

검사의 구형과 최후 변론, 최후 진술, 변호인단의 판정을 토대로 재판장이 판결을 내리고 판결문을 낭독합니다. 이 재판에서 홍길동은 과연 어떤 형량을 선고받았을까요?

12) 폐정 선언(재판장)

선고 이후 재판장은 재판이 끝났음을 모두에게 알리고 퇴정합니다.

재판이 끝난 다음에는 각 토론자들이 자신이 맡았던 역할에 대한 소감을 이야기합니다. 역할이 다양하므로 각각의 관점에서 본 토론이 어떠하였는지, 자기 역할에서는 어떤 점을 느꼈는지 서로 이야기를 나눕니다.

모의재판 토론 시 주의 사항

모의재판 토론 시 주의할 점으로 다음과 같은 점들이 있습니다.

❶ 재판의 극적 재미와 형식도 중요하지만, 토론의 궁극적인 목적은 내용을 이해하고 파악하는 데 있습니다. 물론 극적 재미를 더해 연극처럼 대사를 하면 재판은 훨씬 재미있습니다.

❷ 증인 신문을 통해 작품 속의 인물이 처한 상황이나 심리 등이 분명히 드러나도록 해야 합니다. 작품 속의 사건과 정황들을 구체적으로 인용하면 토론이 더 생생해지고 재미있어집니다.

❸ 사전에 자기가 맡은 역할에 대해서 충분히 이해하고, 자기 입장에 맞는 논거를 확보해 질문과 답변에 활용합니다. 여기서 특히 주의할 사항이 있습니다. 검사와 변호사의 증인 신문이 토론의 핵심이다 보니 피고나 증인에 대한 신문이 끝없이 이어지는 경우가 있습니다. 서로 양보하지 않으려다 보니 상대 측의 신문에 대해서 반대

신문을 지속하려는 것이지요. 그것을 허용하다 보면 피고 신문 하나만 삼십 분 이상이 걸리기도 합니다. 그래서는 온전하게 토론 수업을 진행하기 어렵지요. 그래서 사전에 주의를 주거나 시간과 질문의 개수를 미리 정해 놓는 것이 좋습니다.

❹ 재판을 마친 뒤에는 배심원과 증인들의 의견을 들어 재판 결과가 자신의 원래 의견에 어떤 영향을 끼쳤는지 이야기합니다.

사람들은 누구나 극적 재미를 추구합니다. 자신의 역할이 전체에게 보람을 준다는 사실을 주지시키면서 모의재판 수업을 진행한다면, 내용과 형식, 깊이와 재미 어느 것 하나도 놓치지 않을 수 있습니다.

모의재판 토론의 활용

좀 딱딱한 형식에서 벗어나 유연하게 역할극 놀이도 하면서 토론을 진행하려면 모의재판 토론이 잘 어울리겠지요.

모의재판은 소설 속의 인물 행동을 평가하는 토론을 할 때 가장 적절합니다. 또 역사 속의 인물들이 한 주요 행위나 국가의 주요한 정책을 시행한 결과에 대한 판단을 할 때에도 매우 유용합니다.

13

양자가 모두
이겨야 한다

– 협상 토론

선생님 자, 이번 시간에는 박지원의 소설 「허생전」에서 허생과 이완이 대화를 나누는 장면을 배우도록 하겠습니다. 이완은 효종 때 북벌 계획에 깊이 관여하면서 군의 요직을 두루 지낸 실존 인물입니다. 이완 역은 영희가, 허생 역은 철수가 맡아 교과서를 읽어 주겠어요?

(두 학생이 허생과 이완이 대화하는 장면을 읽는다.)

선생님 자, 잘 읽었어요. 이러한 대화 끝에 두 사람이 도달하게 된 결론은 어떤 것이지요?

철수 허생이 이완으로 대변되는 지배 계층의 무능력에 크게 분노하며 "너 같은 자는 칼로 목을 베어 버려야 한다."라고 하자 이완이 놀라 도망을 가 버려요.

선생님 맞아요. 두 사람의 주장이 서로 팽팽한 평행선을 그을 뿐 아무런 합의점을 찾지 못한 것이지요. 그 이후 허생은 어떻게 됐나요?

철수 그냥 사라져 버렸어요.

선생님 왜 그렇게 사라져야 했을까요?

철수 허생은 확고한 이상과 탁월한 능력을 지녔지만 그걸 다 실현하지 못했어요. 현실은 불만스러웠지만 그 현실을 지배하는 사람들을 이기지 못했던 것이지요. 그래서 현실에서 도피한 거예요.

영희 저는 도피했다고 보지 않아요. 허생 입장에서 보면 자신의 의견이 하나도 수용되지 않는 현실에 위협을 느끼고 몸을 피한 것일 수도 있어요.

선생님 네. 둘 다 좋은 의견이에요. 그런데 만약 이튿날 이완이 다시 찾아왔을 때 허생이 그대로 있었다면 소설의 이야기가 어떻게 전개되었을까요?

영희 이완이 다시 찾아왔을 때 군사를 데리고 오지는 않았어요. 이것은 당시 지배 계층이 허생을 박해하기보다는 그와 더 대화를 나누고 그의 의견을 수용하려고 했던 것은 아닐까요?

선생님 아주 좋은 의견이라고 생각해요. 자, 그럼 그런 관점에서 이야기를 더 전개해 볼까요?

철수 허생은 비범한 인물이므로 이완이 다시 올 줄 미리 알고 있었다고 해도 될 것 같아요.

영희 그럼 이번엔 허생이 술상을 준비하고 있었던 것으로 해요. 전날 밤엔 이완이 가지고 온 술을 마셨잖아요.

선생님 하하! 좋은 생각이에요. 자, 그럼 다시 만난 이완과 허생이 어떤 대화를 나눌 수 있을지 생각해 봅시다.

철수 선생님! 이완과 허생이 협상을 벌이는 것을 상상할 수 있지 않아요? 허생이 제시한 시사삼책을 두고 당시 지배 계층과 허생이 합의점을 찾아가는 것 말이에요!

영희 (혼잣말로) 참 재미있겠다. 그런데 왜 작가 박지원은 이렇듯 허생과 이완이 추가 협상을 벌이는 것으로 소설을 마무리 짓지 않은 것일까?

우리는 왜 협상에 약할까?

그렇습니다. 우리는 박지원의 「허생전」을 읽고 허생과 이완이 추가 협상을 벌이는 장면을 상상할 수 있습니다. 이렇듯 협상은 견해차가 있는 모든 곳에 필요한 것이라 해도 과언이 아닙니다.

오늘날 국제 사회의 현안이나 외교 문제 등에서 보듯이 협상은 매우 중요하고 현실적인 토론 방식입니다. 그런데 2007년 말 미국 노스웨스턴 대에서 세계 각국 CEO(최고 경영자)들의 협상 능력을 조사했는데, 한국은 16개 나라 중 16위를 차지했어요. 한국인은 왜 협상에 약할까요?

우선 '실리'보다는 '명분'을 중시하는 전통이 그 이유로 거론됩니다. 고려대 박노형 교수는 "실리를 추구한다면 협상에서 관련된 쟁점을 조목조목 따지고 그 장단점을 논의해야 하는데, 한국인들의 권위주의적 상하 관계에서 그러한 과정은 찾아볼 수 없게 됐다."라며, "이러한 결과가 협상 후진국으로 만들었다."라고 밝혔습니다. 또한 오춘호 『한국경제신문』 연구 위원은 한국인이 협상을 못하는 이유로 '빨리빨리' 문화, 즉 한국인의 조급성을 제시하기도 했습니다.

하지만 무엇보다도 대부분의 전문가들은 협상 교육의 부재를 지목합니다. 이미 1980년대부터 대학에서 협상 과정이 개설돼 본격적인 교육을 시작한 미국에서는 협상 교육이 리더십 교육만큼이나 대중화돼 있습니다. 하지만 우리는 협상에 대한 전문적인 교육 프로그램도 별로 없고, 전문 인력도 부족한 현실이지요.

박노형 교수는 기본적으로 협상을 공동의 문제를 해결하는 방법 또는 과정으로 이해하고, 이에 대한 노하우를 배워야 한다고 주장합니다. 특히 초등학교에서부터 토론 과정을 거쳐 대립보다는 문제를 해결해야 한다는 개념부터 교육해야 한다고 역설하지요.

이렇듯 중요한 교육적 의의를 갖는 협상! 자, 지금부터 협상과 협상 토론에 대해 자세히 알아보도록 하겠습니다.

협상 토론의 개념

가. 어원적 정의

먼저 어원으로 풀어보면 '협상(negotiation)'은 '일' 또는 '사람 사이의 거래'를 뜻합니다. 협상(negotiation)의 라틴어 어원은 'negotium(neg+otium)'으로, 'not leisure(여가가 아닌)', 곧 'business(일, 사업)'를 의미하지요. 한편 이 협상(negotiation)의 프랑스 고어(古語)는 'negociacion'으로, 'dealing with people(사람을 다루는 것)'이라는 의미를 지닙니다. 이렇듯 어원적으로 협상은 우리의 일상적인 일 그 자체였던 것이지요.

그래서 협상 전문가 캐빈 케네디는 우리가 언제부터 협상을 시작했는지 묻습니다. 처음으로 협상을 시작해 본 경험이 어른이 되어서인지, 아니면 중고생 시절인지 혹은 그 전부터인지 말이지요. 물론 우리는 학생 시절에도 알게 모르게 협상을 했습니다. 그러나 우리의 협상 경력은 그 이상입니다. 어린 시절 학용품비나 용돈을 타낼 때가 협상의 시작일까요? 그럴지도 모릅니다. 케네디는 더 거슬러 올라가 우리가 갓난아기 시절부터 협상을 시작했다고 말합니다. 내게 우유를 주거나 기저귀를 갈아 준다면 울음을 그칠게! 그때 이미 우리는 협상의 전문가를 꿈꾸었다고요.

나. 교육과정에서의 정의

2008년 6월 수능 모의고사에는 다음의 지문을 바탕으로 듣기 평가 문제가 나온 적이 있습니다.

남학생 | 주변 상점들 단체 티 가격을 조사해 보니까 5천 원에서 만 원 사이야. 어제 애들이 추천했던 가게로 가 보자.

여학생 | 이왕이면 디자인 예쁘고, 질 좋은 걸로 해야지.
(가게 문을 열 때 종소리 들림.)

아저씨 | 어서 오세요.

남학생 | 안녕하세요. 다음 주가 우리 학교 체육 대회라서, 단체 티를 맞추려고요.

아저씨 | 그래, 잠깐 기다려 봐라. 여기 견본 있다. 마음에 드는 걸 골라 보렴.

여학생 | 와, 종류가 참 많네요. 근데 요즘 어느 게 잘 나가요?

아저씨 | 이건 값이 싸서 부담은 없는데, 합성 섬유라서 촉감이 별로 안 좋아. 근데 이건 가볍고 땀 흡수도 잘 돼서, 요즘 단체 티로 많이 나가.

남학생 | 좋아 보이네요. 얼만데요?

아저씨 | 그리 안 비싸. 만 원이야.

여학생 │ 너무 비싸요. 저희도 품질 좋은 걸로 하고 싶은데, 학생인 저희들로서는 너무 부담스러워요. 6천 원에 해 주시면 안 돼요?

아저씨 │ 많이 사면 모르지만, 몇 장 사는데 그 가격에 주기는 힘들지. 학생들이니까 내가 9천 원까지는 깎아 주지.

(중략)

여학생 │ 어우, 그래도 비싸요. 아저씨, 체육 대회 때 쓸 모자도 여기서 단체로 살 테니까 조금 더 깎아 주세요. 네?

아저씨 │ 좋아. 그러면 8천 원에 하자. 대신 다른 애들한테도 말 잘해 줘야 돼.

남학생 │ 좋아요. 그런데 다음 주 월요일까지는 되겠죠?

아저씨 │ 그럼. 이제 계약서를 적어 볼까? 8천 원에 학급 로고 새겨서, 다음 주 월요일까지. 자, 됐지?

2010년 수능 시험의 듣기 평가에도 협상 문제가 출제되었지요. 협상의 교육적 효과를 염두에 두고 출제 위원들이 협상 문제를 출제한 것입니다.

현대 사회에서는 개개인이 이익을 추구하기 때문에 갈등 상황이 자주 벌어집니다. 교육적으로 협상이란 '이익과 갈등을 인식한 둘 이상의 주체들이 문제 해결을 위해 대안을 제시하고 양자에게 유리한 해결책을 얻어 가는 공동의 의사 결정 과정'을 의미합니다. 즉 상호 승리할 수 있는 정신을 바탕으로 수많은 갈등 상황을 상호 대안 만들기의 과정으로 만들어 가는 것을 의미하지요.

다. 토의와 토론과 협상의 차이

토의, 토론, 협상의 정의는 학자들에 따라 다양하게 나타납니다.

여기서는 간단히 구분을 해 보겠습니다.

먼저 토론은 해결책에 있어서 반드시 합의를 목적으로 하지 않는다는 점에서 협상과 다릅니다. 토론은 상반된 측면에서 문제를 분석하고, 주장과 논박을 통해 새롭게 문제를 인식하는 것에 주목합니다. 문제의 해결은 토론 내용을 참고하여 토론 참여자와 청중이 스스로 결정하는 것이지요.

토의는 상대적으로 문제 해결을 위한 하나의 결론에 이르려는 경향이 강하며, 어떤 특정한 주제에 대해 가능한 많은 가능성을 탐색하는 데 관심이 있습니다. 굳이 대립적이지 않더라도 공동의 문제를 해결해 나간다면 그 자체로도 의미가 있을 테니까요.

협상은 토론과 토의의 과정을 수반합니다. 보통 토론은 하나의 문제에 대해 입장이 다른 두 대상이 의견을 개진하면서 충돌을 일으키고, 토의는 같은 문제에 대해 보다 합리적인 해결 방식을 찾으려고 합니다. 이에 대해 협상은 서로 다른 입장에서 논쟁하고 합의하는 진행 과정을 보인다는 점에서 차이를 보입니다.

협상은 견해 차이를 지니고 출발합니다. 그리고 다른 사람의 견해를 어떻게 하면 잘 조율해서 공동의 이해에 도달할 수 있는가를 중요시하지요. 이 과정에서 협상 당사자들은 기대 가치에 대한 '균형'이라는 전략을 사용하게 됩니다. '균형' 전략을 통해 협상 당사자들은 자신의 행동을 결정하기 전에 상대방의 행동을 염두에 두면서 협상 당사자들의 기대치가 일치될 수 있는 최선의 행동을 찾아가게 되는 것이지요. 이러한 토의, 토론, 협상의 차이를 표로 정리하면 다음과 같습니다.

구분	토의	토론	협상
말하기·듣기 방식	상호 협조적	상호 경쟁적	상호 교섭적
목적	정보, 의견 교환	주장과 설득	문제 해결
초점	협의를 통한 합의	쟁점에 대한 논쟁	논쟁과 협의를 통한 합의

〈토의, 토론, 협상의 차이〉

협상 토론의 목적과 의의

지금까지 우리 사회에서 협상은, 노사 협상이나 정치 협상처럼 서로 다른 이익의 주체들이 자신의 이익을 관철시키기 위한 수단으로 사용하는 것이라는 인식이 강했습니다. 이러한 편협한 시각으로 협상을 인식하다 보니, 그 교육적 가치를 비교적 소홀히 다루어 오게 된 것이지요.

그러나 최근 들어 갈등 문제 해결에 있어 일방적인 한쪽의 승리나 패배가 아니라 공동의 이익을 추구하는 것이 바람직하다는 인식이 확산됨에 따라, 상호 의존 작용을 통한 갈등의 해결책으로서 협상의 사회적 가치가 새롭게 인식되고 있습니다.

갈등 당사자들은 협상을 통해 서로의 의견을 조정하며 창의적 대안을 생성해 낼 수 있습니다. 즉 어느 한쪽이 이기고 지는 'win-lose 게임'이 아니라, 양편 모두 이득을 취할 수 있는 'win-win 게임'을 지향하는 것입니다.

협상 토론에 대해 관심을 갖고 공부를 막 시작했을 무렵, 신문에서 다음과 같은 칼럼을 만났습니다.

사람은 습관적인 동물이다. '습(習)'이란 몸의 일정한 방향을 만드는 자동 감지기다. 즉 사물을 대하면서 일정한 방향성을 명령하는 몸의 기억이다. 습관이 운명을 바꾼다는 말도 있듯이 사람은 사회적인 존재이기 때문에 개인의 좋은 습관은 세상을 아름답고 정의롭게 만든다.

– 박기호, 「승용차에 대한 생각」, 『한겨레』(2009년 8월 29일)

'사회적 존재'로서 인간은 '갈등의 존재'이기도 하죠. 우리 학생들이 '갈등'에 직면했을 때, 습관적으로 숙의하고 대화하고 조정·중재·타협하는 방향성을 지니게 되기를 바라는 마음이, 그리고 그러한 방향성이 이 세상을 좀 더 소통 가능하고 인간적인 곳으로 만들 것이라는 믿음이, 교육 행위로서의 '협상'의 힘에 주목하게 만듭니다.

협상 토론의 유형

학자들마다 협상의 유형을 다양하게 제시하고 있는데, 그 중 많이 거론되고 있는 것이 레위키(Roy J. Lewicki)의 '투쟁적 협상 또는 분배적 협상(Distributive Negotiation)'과 '호혜적 협상 또는 결합적 협상(Intergrative Negotiation)'입니다. 전자를 대립적·경쟁적 협상, 후자를 협력적 협상이라고도 합니다. 교육 협상은 당연히 호혜적 협상이 되어야겠지요?

구분	투쟁적·분배적 협상	호혜적·결합적 협상
정의	상대방과의 관계를 중요하게 생각하지 않거나 상대방의 이익, 요구를 최소화 하는 대신 자신의 이익, 요구를 최대화 하기 위한 협상	상대방과의 관계를 중요하게 생각하고 자신과 상대방의 이익, 요구를 함께 최 대화하기 위한 협상(창조적, 입체적 대 안을 마련함.)
특징	어느 일방이 이익을 보는 만큼 상대방 은 손해를 보게 됨. (win-lose, zero-sum game)	관련자 모두가 공통 이익을 증진시키 게 됨. (win-win, positive-sum game)
협상 이익의 배분	분배될 몫의 크기가 고정되어 있는 상 황에서 서로 더 가지려고 협상을 벌 임.(fixed pizza-cutting : 피자 나누기)	가치가 고정되어 있지 않고 새로이 창 출될 수 있음을 전제로, 서로 협조하 여 협상 이익 자체를 크게 하고자 함. (larger pizza-cooking : 피자 만들기)
정보의 흐름	정보를 공개 하지 않음.(가능한 한 자 신의 정보는 적게 노출시키고 상대방 의 정보는 수단과 방법을 가리지 않고 수집하려고 함.)	정보를 공개함.(협상 진행 과정을 순조 롭게 하고, 서로의 약점과 강점을 찾아 통합시키고자 함.)
협상 전략	거짓말, 허위 정보 제공 등 비도덕적 방법이나 위협, 의도적 지연 등과 같은 기만적 술책을 불사함.	도덕적이고 협조적인 협상 전략을 펼 치고자 함. 전략적 제휴나 합작 투자처 럼 서로의 강점을 찾아내 시너지 효과 를 얻고자 함.

〈협상의 유형〉

　　자기편에게는 유리하고 상대방은 손해를 보는 협상이라면 교육적 으로 바람직하지 않겠지요. 오늘날 우리 사회의 갈등은 더 많은 분배 를 위한 투쟁 협상이 일반적이지만, 바람직한 협상은 상호 윈-윈 하 는 정신을 살리는 호혜와 결합의 협상입니다.

국어 시간에 협상하기

고등학교 국어 교과서에 나오는 김유정의 소설 「봄봄」을 실례로 들어 협상 토론을 해 봅니다.

소설을 이해하는 주요 방법 중 하나가 바로 인물 간의 갈등을 중심으로 그 구조를 파악하는 것입니다. 「봄봄」의 주요 사건들도 '나'와 '장인' 간의 갈등을 바탕으로 전개되고 있지요. 그러면 갈등은 어떻게 발생하는 것이며, 협상 토론과 관련하여 그 해결책은 어떠한 측면에서 모색되어야 하는 것일까요?

첫째, 갈등은 지속적으로 관계를 유지해야 하는 사람들이 오해, 불신, 편견 등에 의해서 관계 유지에 어려움을 겪을 때 발생합니다. 이를 관계상의 갈등이라 하는데, 특히 의사소통의 부재나 왜곡이 큰 영향을 미치지요.

다음으로 신념이나 종교, 문화 등 가치관의 차이에서 오는 가치관 갈등이 있습니다. 이것은 상대방에게 가치를 강요하거나 포기하게 할 수 없기 때문에 해결하기가 매우 어렵습니다. 환경 갈등, 남북 인권 관련 갈등, 이라크 파병 관련 갈등 등이 여기에 속합니다.

세 번째로 정체성 갈등이 있습니다. 이것은 개인이나 집단이 갖는 정체성이 정치적, 사회적으로 왜곡되고 오용될 때 나타나는 갈등입니다. 자신이 속한 집단이 부당한 대우를 받거나 부정의의 피해자라는 인식이 확대될 때 갈등이 더욱 심화되지요. 인종 갈등이나 역사 갈등이 여기에 속합니다.

이러한 갈등을 해결하고자 할 때에는 다음과 같은 원칙을 지켜야 합니다.

- 갈등 해결의 결과뿐 아니라 그 과정에서 공정성과 정당성을 확보해야 한다.
  - 갈등을 해결하는 과정이 공정하여야만 그 결과도 지켜지고 정당성을 인정받는다.
  - 갈등 해결 과정에서 잘 드러나지 않는 당사자들(갈등의 간접 당사자들)을 분쟁 해결 과정에서 외면하지 말아야 한다.
  - 갈등의 직접적 당사자에게만 국한되는 분쟁 해결책은 한계가 있다.(간접적인 당사자들이 더 큰 영향을 미치는 경우가 많다.)
- 사람들의 기본적 요구(Basic Human Needs)는 크게 다르지 않다.
  - 갈등 당사자들이 누구나 갖고 있는 인간의 기본적 필요에 초점을 맞춰 문제를 풀려고 하면, 갈등 상황에 영향을 받는 당사자들이 어느 정도 만족할 만한 창조적인 해결책을 찾을 수 있다.

- 갈등을 해결한다는 의미는 당면한 이슈만을 풀어 가는 것이 아니라 새로운 관계의 설정을 의미한다.
- 갈등은 해결보다는 예방이 중요하다.

– 단국대학교 분쟁해결연구센터 연구자료,
「갈등 관리의 이론적 배경과 주요 내용」(2007) 중에서

협상 토론의 단계

최근 우리 사회에서 협상의 중요성에 대한 관심이 고조되고 있고, 교육 현장에 협상을 적용한 연구들도 진행되고 있기는 하지만, 아직은 수업 시간에 적용 가능한 협상 토론의 전범이라 할 만한 것이 있지는 않습니다. 그래서 아마도 교사들이 각자의 토론 교육에 대한 노하우를 살려 각 교과에 적용 가능한 협상 프로그램을 개발해 내는 것이 바람직하지 않을까 싶습니다. 여기에서 소개하는 협상 토론의 단계는 주은옥 선생님의 서울대학교 대학원 박사학위 논문인 「논쟁 수업을 위한 찬반 협상 모형」(2001)을 바탕으로 한 것입니다.

이 모형에서 협상 과정은 크게 4단계로 나뉩니다.

1단계에서 학생들은 교사가 배부하는 학습 과제지를 받고, 이에 대한 설명을 들은 후 협상 당사자들의 입장을 개략적으로 파악합니다. 2단계에서는 각 모둠 안에서 구성된 당사자들이 자신의 이해관계와 가치를 정리하고 협상을 준비합니다. 3단계는 2단계에서 정리한 각 당사자별 입장에 따라 실제로 협상을 통해 합의를 도출하는 단계이

고, 마지막 4단계는 협상 과정과 결과에 대하여 학습자가 평가해 보는 단계입니다. 각 단계별 세부 내용을 정리하면 다음과 같습니다.

1) 1단계(소집단을 구성하고 협상 문제를 제시하는 단계)

협상 문제는 찬성과 반대의 양측으로만 제시될 수도 있고, 다양한 입장으로 제시될 수도 있습니다. 협상 내용에 따라 소집단을 이해 당사자 양측으로 편성하거나, 노·사·정 위원회와 같은 형태를 생각해서 찬성, 반대, 제삼자(중재자로서의 정부 혹은 국민)와 같은 형태로 구성하면 됩니다.

2) 2단계(협상 당사자별로 협상안을 도출하는 단계)

협상 당사자들은 자신의 이해관계와 관련 가치를 확인하고 협상안을 마련합니다. 예를 들어 2000년대 초 불거진 의약 분업 문제에 있어서 '정부'의 입장을 맡게 되었다면, 국민 건강과 편리성, 적정한 의료비 부담 등과 같은 국민의 이익의 측면과 함께 생명 존중의 가치를 실현할 수 있는 협상안을 마련하겠지요. 협상 당사자별로 협상안을 결정하는 단계에서 만장일치와 같은 집단별 의사 결정 과정을 체험하도록 하는 것이 좋은데, 이를 위해서는 참여형 토론의 한 방법인 피라미드 토론을 응용할 수 있습니다.

3) 3단계(협상 토론의 핵심 단계로 구체적인 협상 단계)

각 소집단을 단위로 하여 협상을 벌이도록 합니다. 교실에서는 연극적 요소를 도입하면 학생들이 더욱 재미있어 합니다.

4) 4단계(효율성과 형평성을 기준으로 협상 과정과 결과에 대해 평가하는 단계)

효율성이란 협상 당사자 전체의 가치 총합의 증대를 뜻하고, 형평성이란 주로 협상을 통해 가치가 공평하게 분배되었는가에 초점을 맞춘 것을 말합니다.

협상 토론의 방법

이러한 원칙을 염두에 두고, 「봄봄」의 주인공인 '나'와 '장인'의 갈등을 해소하기 위한 협상 토론을 전개합니다.

1) 모둠 구성하고 역할 맡기

우선 7명씩 모둠을 구성합니다. 그리고 「봄봄」에 등장하는 인물들을 모두 나열해 봅니다. 예를 들면 장인, 장모, 나, 점순이, 뭉태, 구장, 소작인, 맏딸, 맏사위, 혼례를 못 치른 첫째 딸의 데릴사위들, 점순이의 첫 번째와 두 번째 데릴사위, 셋째 딸, 셋째 딸의 예비 데릴사위, '나'의 본가 식구들……. 우와! 무지 많네요. 이 인물들에게 역할을 맡겨 봅니다.

❶ 협상 당사자 : '나'와 '장인'이 되어야겠지요?

❷ 중재인 : '구장'에게 맡겼습니다.

❷ 증인들(협상 당사자별로 두 명의 증인을 채택해 봅시다. 증인은 1인 2역도 가능합니다.)

- '나' 의 증인 : 점순이와 뭉태
- '장인' 의 증인 : 장모와 점순이('나' 의 증인으로 나설 점순이는 춘향이판 점순이고, '장인' 의 증인이 될 점순이는 심청이판 점순이랍니다.)

2) 자리 배치

자리는 다음 그림과 같이 배치합니다.

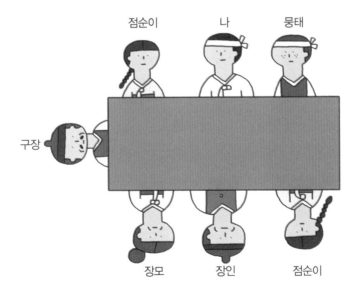

3) 협상 안건 상정

협상 당사자들의 욕구를 분명히 하고 협상 안건을 상정합니다.

❶ '나' 의 욕구
  • 밀린 사경을 받아야 한다. / 점순이와 혼례를 치러야 한다.
❷ '장인' 의 욕구
  • 사위에게 웬 사경이냐? 사경을 줄 수 없다. / 혼례를 최대한 늦춰야 한다.
❸ 협상 안건
  • 혼례식 일자 확정 건 / 3년 7개월 동안의 사경 지급 건

4) 협상 전략 세우기

협상 당사자별로 협상을 하기 위한 전략을 세워 봅니다. 이를 위해서는 뒤에 제시한 'SWOT' 분석 도구를 이용할 것을 권장합니다.

5) 협상하기

자, 이제 본 협상에 들어갑니다. 219쪽에 있는 것과 같은 녹취록을 작성해 가면서 진행하면 즐겁게 협상을 할 수 있습니다. 협상을 마친 후, 협상 조정자는 그렇게 조정을 내린 이유를 밝혀야 합니다. 219쪽의 녹취록의 경우, 데릴사위 제도는 부여에서 기인한 것이기에 부여의 1책 12법(12배 배상법)을 근거로 장인이 합의 사항을 이행하지 않을 때 3년 7개월 치 사경의 12배를 물어 주도록 한 것이지요.

6) 합의문 작성하기

협상을 마치면 당사자들이 협상 내용을 공적으로 인정하고 지키겠다는 약속을 문서로 합니다. 합의문의 합의 사항을 통해서 협상 결과를

구체적으로 확인합니다.

7) 협상 평가하기

각 모둠별로 협상 당사자들의 주요 주장과 논거, 증인들의 지지 발언 등을 간략하게 요약하여 발표하도록 합니다. 또한 각 모둠의 중재인들로 하여금 자신의 조정안을 발표하게 하고, 왜 그런 조정안을 냈는지 부연 설명하게 합니다. 그리고 전체 구성원들을 대상으로 스티커를 사용하여, 평가 효율성(협상 당사자 전체의 가치 총합의 증대)과 형평성(협상을 통해 가치가 공평하게 분배되었는가)을 기준으로 협상 결과에 대해 평가하도록 합니다.

	효율성	형평성
1모둠		
2모둠		
3모둠		
4모둠		
5모둠		
6모둠		

〈협상 평가지〉

SWOT 분석이란?

　'SWOT' 라는 것은 'Strength(강점)', 'Weakness(약점)', 'Opportunities(기회)', 'Threats(위기, 위협)' 의 첫 글자를 따서 만든 용어입니다. 이에 따라 자신의 내부 요인을 강점(Strength), 약점 (Weakness)으로 분석하고, 외부 요인을 기회(Opportunities), 위기 (Threats)로 분석해 보면, 협상 장면에서 자신에게 가장 유효한 전략을 찾아낼 수 있습니다.

가. SWOT 분석의 방법

1) 1단계 - 외부 환경 분석(Opportunities, Threats)

　자신을 제외한 모든 것(정보)을 기술해 봅니다. 좋은 쪽으로 작용하는 것은 기회, 나쁜 쪽으로 작용하는 것은 위협으로 분류합니다. 동일한 데이터(Data)라도 자신에게 긍정적으로 전개되면 기회로, 부정적으로 전개되면 위협으로 나눕니다. 외부 환경 분석에는 'SKEPTIC check list' 를 활용하세요.('S' 는 사회를, 'K' 는 경쟁을, 'E' 는 경제를, 'P' 는 정치를, 'T' 는 기술을, 'I' 는 정보를, 'C' 는 고객을 의미합니다. 고객은 자기를 지지, 후원해 줄 사람을 생각하면 됩니다.)

2) 2단계 - 내부 환경 분석(Strength, Weakness)

　경쟁자와 비교하여 나의 강점과 약점을 분석합니다. 강점과 약점의 내용은 보유하거나 동원 가능하거나 활용 가능한 자원(resources)

입니다. 내부 환경 분석에는 'MMMITI check list'를 활용하면 편리합니다.(첫 번째 'M'은 자신의 신체적, 정신적 능력에 관한 것을, 그다음 'M'은 부모님의 유산이나 자신의 자산을, 세 번째 'M'은 'money'로서 현금 자산을, 'I'는 정보를, 'T'는 시간을, 마지막 'I'는 이미지를 의미합니다.)

나. SWOT 분석을 이용한 전략의 수립

1) 전략 도출

SWOT 분석의 결과 얻어진 것 중 핵심적인 SWOT를 대상으로 전략을 도출합니다.

❶ SO - 강점을 가지고 기회를 살리는 전략
❷ ST - 강점을 가지고 위협을 회피하거나 최소화하는 전략
❸ WO - 약점을 보완하여 기회를 살리는 전략
❹ WT - 약점을 보완하면서 동시에 위협을 회피하거나 최소화하는 전략

2) 중점 전략 선정

도출된 전략 중 목적 달성의 중요성, 실행 가능성, 남과 다른 차별성 등을 기준으로 중점 전략을 선정합니다.

다. 「봄봄」 SWOT 분석 결과

외부 환경	기회	위기
사회	데릴사위 제도가 있다. 돈이 있으면 대접받는 사회가 되었다.	
경쟁		인심을 잃어 다른 데릴사위를 얻기가 어려울 수 있다.
경제	가난한 소작농이 많다.	
정치	민법상 점순이는 아직 성례를 치를 나이가 되지 않았다.	혼례는 관습법이 더 존중받고 있다.
기술		전통적인 농사법 외엔 농업 기술이 발달하지 않았다.
정보		'나'가 사경을 지급하지 않으면 소송을 제기할 수 있음을 안다.
고객	점순이의 효심(심청이판 점순이)	점순이의 욕망(춘향이판 점순이)
내부 환경	강점	약점
사람	뻔뻔하다.	농사짓기에는 체력이 달린다.
물자	소를 보유하였다.	
돈	마름으로 경제적 여유가 있다.	
정보	손해죄로 징역을 간 사례를 알고 있다.	
시간		데릴사위를 들이기에는 셋째가 어리다.
이미지		호박개 같이 생겼다.

〈 '장인'의 SWOT 분석 체크리스트〉

외부 환경 내부 환경	O(기회) 돈이 있으면 대접받음.	T(위기) 인심을 잃음.
S(강점)	SO전략	ST전략
뻔뻔함.	지금까지 해 왔던 대로, 대신 점순이의 키가 클 수 있도록 보약을 먹여 줌.	혼례는 치러 주고 사경 지급은 안 함.
W(약점)	WO전략	WT전략
체력이 달려 농사를 못 지음.	'나'에게 최소한의 사경만 지급함. 다른 데릴사위를 들임.	'나'의 욕구를 전폭적으로 수용함.(혼례도 시켜 주고 재산도 나눠 줘서 효심과 인심을 동시에 얻음)

〈 '장인'의 SWOT 분석에 따른 전략〉

협상 토론 시 주의 사항

협상 토론의 목표는 상대방보다 내가 조금이라도 더 유리한 결론을 이끌어 내는 것이 아니라 같이 이길 수 있는 성공적인 협상 결과를 만들어 내는 것입니다. 늘 이겨야 한다는 강박관념 속에서 살아온 우리들 입장에서는 쉽지 않은 활동이지요. 협상 토론을 진행하면서 주의할 점들을 살펴보겠습니다.

❶ 양측 다 승리하는 성공적인 협상을 하기 위해서는 양보 정신에 바탕을 둔 상상력을 발휘해야 합니다. 협상은 유리한 입장을 밀어붙이는 것보다 타결이 중요하기 때문입니다.

❷ 협상의 논제를 설정할 때, 양측이 전략적으로 유리한 점과 불리한 점을 같이 가지고 있어서 서로 대등한 입장이 되어야 합니다. 한쪽은 매우 유리한 입장인 반면, 다른 한쪽은 매우 불리한 입장이면 원활한 협상을 하기 어렵습니다. 예를 들면 대형 마트에서 피자를 판매하는 것을 반대하는 중소 피자업체 상인들이 대형 마트와 피자 판매에 대한 협상을 진행할 때, 대형 마트 쪽은 매우 유리하지만 중소업체는 출발 조건 자체가 매우 불리하여 대등한 협상 진행이 어렵습니다.

❸ 협상 토론의 내용을 본문 이해에 초점을 맞출 것인지, 아니면 협상안 도출에 초점을 맞출 것인지에 따라 토론의 흐름과 성격이 달라

집니다. 시간적 여유가 있다면 전반부에는 본문 이해를 위한 논리적 공방을, 후반부에는 직접적인 협상안 제시와 타결을 위한 조율을 중심으로 협상 토론을 진행하는 것이 좋습니다.

❹ 협상의 당사자로 역할을 나누어 토론을 진행하기 때문에 경우에 따라 연극적인 몰입도 가능합니다. 연극적인 활동은 토론에 활력을 주지만 지나치게 역할에 충실하다 보면 협상의 결론 도출에 어려움을 겪을 수 있습니다. 극적 요소와 논리적 요소 사이의 균형을 잘 잡도록 미리 조언을 해 주는 것이 좋습니다.

협상 토론의 활용

협상은 우리가 살아가는 일상생활 속에서 수없이 반복되는 과정입니다. 일상생활에서 겪는 갈등이나 정책과 관련된 갈등을 풀어 나가는 논제들을 활용하여 협상의 취지와 기술, 방법 등을 익힐 수 있습니다.

또 협상 토론은 문학 작품을 깊이 있게 분석하고 창의적으로 수용할 수 있는 한 방법입니다. 「봄봄」 외에 협상 토론을 적용하기 좋은 문학 작품들을 찾아 협상 토론을 구안해 보세요. 예를 들어 중학교 국어교과서에 실렸던 양귀자의 소설 「원미동 사람들」에 등장하는 김포 슈퍼와 형제 슈퍼가 협상을 벌인다면 어떠한 상생의 전략이 도출될까요? 한번 해 보지 않으시겠습니까?

• 협상 토론 녹취록

		나	장인
주장 펴기 (1분)		일 잘하는 저를 빙장님도 놓치기 싫지유. 점순이도 혼례를 원하고 있어유. 빙모님도 키가 작은데 결혼하지 않았나요. 결혼하면 아이를 많이 낳아 잘 키워서 노동력을 제공할게유.	일도 잘 하고 재산도 불려 줘서 고맙게 생각하고 있구먼. 하지만 애초 계약이 '키가 크면 혼례를 시켜 주는 것' 아니었는가. 아직 키가 안 컸으니 좀 더 기다려 주게.
증인 진술 (1분)	뭉태	'키가 큰다.'는 것은 상징적으로 '나이를 먹는다.'라는 의미이지요. 일 잘하는 '나'를 놓쳐 후회하지 않으려면 빨리 혼례를 시키는 게 좋을 거예요. 점순이가 키가 안 크는 것은 예외적인 경우예요.	심청판 점순이	몇 년 동안 '나'에게 정도 들었지만 아버지에 대한 효심만 하겠나요. 사실 저는 성년도 안 되었어유. 저를 덥석 데려가려 하는 것은 도둑놈 심보 아닌감유.
반박하기 (1분)		키가 크면 결혼시켜 주겠다 했지만 유전적 조건상 점순이는 더 클 수 없어유. 점순이는 모로만 크잖아유. 계속 일할게요. 대신 3년 7개월 치 사경 주세요. 약속을 지키면 사경은 돌려드리지요.	점순이 엄마도 키가 작긴 하지만, 그렇다고 점순이 키가 안 큰다는 법은 없지 않는가. 점순이에게 보약을 먹여서 키가 크도록 해 줄게. 사위로 들어와 사경을 달라는 것은 인지상정에 어긋나는 일이여. 우리 집 식구로 들어와 일해 놓고 돈을 달라고 하니 섭섭하구먼.
증인 진술 (1분)	춘향판 점순이	아부지, 이 사람은 지 키가 크건 작건 상관 안 하는구먼요. 엄마만 봐도 결혼 생활에 지장 없잖아유. 이만한 사윗감도 없슈. 열 살 차이 나는 것도 좋으니 보내 주슈. 제가 빨리 아이를 낳는 게 아부지한테도 이득이 될 거구먼요.	장모	그 동안 자네가 우리 집에 들어와 밥을 좀 많이 먹었는가. (한 그릇 밖에 못 먹었다는 반박을 받고) 그래도 나물은 실컷 먹지 않았는가. 점순이가 산에 가서 해 오는 나물을 장에 가서 팔았으면 기운이 달리는 우리 집 양반에게 계란이라도 사서 먹였을 것 아녀. 그동안 우리 집에서 먹고 자고 한 것 제하면 사경이 다 뭐여.
증인과 협상자 숙의 시간 (2분)		가을에 혼인시킴. 셋째의 데릴사위를 들이기 전까지 처가살이를 시킴. 대신 처가살이 동안 주택부금과 손주들의 교육 보험을 들어 줌.	

	나	장인
최후 진술 (1분)	빙장님께서도 사위 살러 왔지 머슴 살러 왔냐고 하지 않았는가요. 근데 사위에게 폭력을 가하는 법이 어딨수. 이건 노예 계약이어유. 빙모님은 제가 먹는 게 그리 아까우셨나유? 서운하구먼요. 결혼하고 아랫동서 들일 때까지 이 집에서 일하겠구먼요. 대신 내일 당장 혼례 치러 주시어유.	봄마다 노래를 불렀을 테니 같은 남자로 마음이 아프기도 하네. 밥도 점순이가 깨박을 쳐서 모래 섞인 것 먹느라 고생했구먼. 나도 이번 기회에 욕필이라는 별명을 떼고 싶네. 가을에 점순이의 키가 안 커도 혼례를 시켜 주지. 대신 셋째 사위 들일 때까지 우리 집에서 일해야 혀. 그동안 내 주택부금과 태어날 손주들 교육 보험을 들어 주지. 자네 급한 사정을 봐서 합방은 지금부터 허용할 테니 일도 열심히 하고 후사를 많이 보게나.
조정인 판결 (1분)	추수를 한 후 가을이 가기 전에 혼례를 치러 준다. 그때까지 '나'는 무료 봉사를 한다. '장인'은 처가살이를 시키다가 셋째 딸 데릴사위가 들어오면 분가를 시키고 약조한 주택부금과 교육 보험료를 지급한다. 이 조건을 지키지 않을 경우 3년 7개월 치 사경의 12배를 물어 준다.	
협상을 마친 소감	나	장인
	점순이	점순이
	뭉태	장모

14

발언권 신청의 묘미

– 의회식 토론

보라　선생님, 이리 오셔서 저기 토론하는 것 좀 보세요.

선생님　왜, 뭐 이상한 내용이라도 나왔니?

보라　토론을 하다 말고 학생들이 벌떡벌떡 일어나요.

선생님　토론 중간에 갑자기 일어난다고?

보라　네, 손을 머리에 대고 갑자기 일어나는 게 좀 재미있기도 하고 신기하기도 해요.

선생님　그래. 그럼 다른 편의 반응은 어떠니? 한참 토론을 하는데 다른 편에서 그렇게 일어나면 이쪽의 반응도 좀 특이할 텐데?

보라　아니요, 이쪽은 뭐 그리 놀라거나 긴장하는 분위기가 아닌 걸요? 그냥 팔을 휘저어서 무시하기도 하고, 어떤 때는 일어난 사람한테 무언가 말해 보라고 발언권을 주기도 하는 걸요?

선생님　(빙그레 웃으며) 토론 중간에 불쑥 끼어들듯이 손을 들고 일어나니 좀 놀랄 만하구나. 그동안 보아 온 토론 가운데 상대방이 말을 할 때 불쑥 끼어드는 토론은 없었으니까. 지금 네가 보고 있는 토론은 의회식 토론이란다. 세계 고등학생 토론 대회에서 진행하는 방식으로, 여당과 야당의 총수나 고위 대표가 정책 토론을 하는 걸 본떠서 하는 방식이지.

보라　그런데 왜 다른 토론처럼 상대방의 말을 다 듣고 차분하게 발언하지 않고, 중간에 벌떡 일어나서 말을 하나요?

선생님　의회식 토론에만 존재하는 독특한 규칙 때문이란다. 발언권을 신청하는 모습인데, 아주 독특하지?

보라　우리도 한번 해 봤으면 좋겠어요. 너무 재미나 보여요.

선생님 　보기에는 그래도 중간에 발언권을 신청하고 끼어드는 것이 쉽지 않아. 토론을 통해서 의회 민주주의가 얼마나 발전해 왔는지 생각해 보는 계기도 될 테니 같이 준비해서 토론해 보자.

의회식 토론의 취지

　우리나라 국회의원들은 국민들로부터 어떤 평가를 받을까요? 구체적인 여론 조사 수치를 확인하지 않아도 신뢰도나 청렴도 등이 다른 조직에 비해서 그다지 높게 나오지는 않을 듯합니다. 왜 그럴까요?

　이는 국회의원 개개인의 자질 문제와도 연결이 되겠지만, 아마도 몸싸움이나 날치기를 자주하는 우리나라 특유의 의회 정치 풍토와 토론, 협상 능력의 부재 등에서 그 원인을 찾을 수 있겠지요.

　사실 토론은 어떤 의미에서 제대로 된 개념 찾기라고 할 수 있습니다. 공자가 「논어」에서 언급했지요. "명분(이름)이 바르지 못하면 말이 바르지 못하고, 말이 순조롭지 못하면 일이 잘 이루어지지 않는다.(名不正則言不順 言不順則事不成)"고요. 공자의 '정명(正名)'의 실현은 이름에 걸맞는 적절한 개념과 내용을 찾아 주는 일인데, 그게 아마도 토론의 본질과 목표가 될 수도 있을 듯합니다.

　그러고 보니 '국회(國會)'의 이름을 '민회(民會)'나 '의회(議會)'로 다시 정립해야 한다는 한 학자의 주장이 새롭게 다가옵니다. 언젠가 대한민국 국회를 방문했던 독일의 저명한 입법학자 카르펜(Karpen) 교수가 국회 의사당 본회의장 한복판

국회 본회의장

의 국회 마크를 보았습니다. 그는 그 가운데 새겨진 것이 '나라 국(國)'자라는 사실을 알고, '국(國)'자를 시민, 대중을 의미하는 '민(民)'자로 대체하는 것이 마땅하지 않느냐고 말했습니다. 국가가 권력의 주체가 되어 백성을 다스리는 것이 아니라, 국민이 권력의 주인이 되어 국가를 운영해 나가는 것이 바람직하다는 의견입니다.

국회를 민회로 바꾸는 길, 그리하여 대한민국 국회의 진정한 권위와 영향력을 되찾아 주는 길, 그 길은 바로 의회식 토론의 발전에 있을 것입니다. 국회가 권위를 내세우지 않고 바람직한 토론과 회의 문화를 발전시킬 때, 의회 정치의 꽃이 아름답게 피어날 테니까요.

의회식 토론의 정의

의회식 토론은 국회에서 국회의원들이 안건을 심의할 때 토론을 벌이듯, 여야 양측이 나와서 법안을 놓고 심의를 벌이는 형태로 진행하는 토론을 말합니다. 예를 들어 '호주제 폐지 법안'을 놓고 토론을 한다면, 표결 처리를 하기 전에 이 법을 발의한 사람(긍정 측)이 나와서 왜 이 법을 만들었으며, 왜 통과되어야 하는지 그 이유를 설명하며 의원들을 설득합니다. 그 후에 반대 측 의원이 나와 이 법이 통과되면 나타나게 될 부작용들을 예로 들며 이 법이 부결이 되도록 설득하지요. 이러한 방식의 토론을 '의회식 토론'이라고 합니다.

의회식 토론은 1820년대 영국 옥스퍼드 대학과 케임브리지 대학의 학생회가 행했던 토론 형식에 기초를 둔 것으로, 수상(prime minister) 과 정부 각료(member of government)가 찬성 팀을 구성하고, 야당 당수(leader of opposition)와 의원(member of opposition)이 반대 팀을 구성하여 토의했던 영국의 의회 토론에 그 기원을 두고 있습니다.

의회식 토론은 오늘날 세다(CEDA) 토론과 함께 대표적인 아카데미식 토론 방식으로 자리를 잡았습니다. 특히 오늘날 행해지는 토론 대회 중 영어로 진행되는 것들은 모두 이 방식을 채택하고 있다고 보아도 무방합니다.

의회식 토론의 방법

나라마다 의회식 토론 방식이 약간 다르지만, 여당의 당수인 수상과 이 수상을 보좌하는 각료가 한 팀(긍정 측)을 이루어 발의하고, 이에 맞서 야당의 당수와 야당 의원이 한 팀(부정 측)을 이루어 반박을 하는 것이 기본 형태입니다. 호주에서는 3명이 한 팀을 이루기도 하지요. 현재 의회식 토론 방식을 따르는 '세계 학생 대립 토론 대회(WSDC, World Schools Debating Championship)'가 3대 3 형식을 취하고 있어서, '한국 학생 대립 토론 대회(KHSDC, Korea High School Debate Championship)'에서도 3대 3 형식을 취하고 있지만, 여기서는 교실 상황에 적합한 2대 2 의회식 토론의 절차를 중심으로 살펴보겠습니다.

가. 2대 2 의회식 토론의 절차

2대 2 의회식 토론의 발언자 및 발언 순서, 토론 시간은 다음과 같습니다.

발언 순서	정부 측(긍정 측)	야당 측(부정 측)
첫 번째	국무총리	야당 대표
두 번째	정부 각료 혹은 여당 국회의원	야당 국회의원

〈2대 2 의회식 토론의 발언자〉

발언 순서	발언자 및 토론 절차	발언 시간
1	정부 측(긍정 측) 첫 번째 토론자 입론	7분
2	야당 측(부정 측) 첫 번째 토론자 입론	8분
3	정부 측(긍정 측) 두 번째 토론자 입론	8분
4	야당 측(부정 측) 두 번째 토론자 입론	8분
5	야당 측(부정 측) 첫 번째 토론자 반론	4분
6	정부 측(긍정 측) 첫 번째 토론자 반론	5분

* 각각의 연설은 정해진 시간에서 30초 이상을 초과할 수 없다.
〈2대 2 의회식 토론의 발언 순서와 시간〉

의회식 토론에서 수상과 당수는 각각 2번씩 12분 동안 발언하고, 각료와 의원은 1번씩 8분간 발언합니다. 즉 토론 참여자 4명의 위상이 동일하지 않고, 수상이나 당수가 각료나 의원보다 지위가 높은 것을 인정하여 토론의 발언 기회와 시간 배분을 차별화한 것이지요.

의회식 토론에서는 긍정 측과 부정 측의 입론, 반론 시간도 다릅니다. 긍정 측은 입론 시간이 1분 짧은 대신 반론 시간이 1분 더 길지요. 이런 차이를 두는 것은 네 번째 발언에 이은 다섯 번째 발언도 모두 부정 측에 의해서 이뤄지기 때문입니다.

토론은 긍정 측의 발언으로 시작해서 긍정 측의 발언으로 마칩니다. 마지막 긍정 측의 결론에 앞서 부정 측은 두 번 이어서 발언을 합니다. 부정 측이 그동안 반론해 온 내용을 압축적으로 정리하고 긍정 측의 주장에 문제가 있음을 다시 강조하는 것입니다. 이를 '반대 구역(opposition block)'이라고 합니다. 이렇게 마지막 부분에서 긍정 측의 제지를 받지 않고 부정 측이 12분이나 발언을 할 수 있기 때문에 긍정 측이 불리할 수 있습니다. 이런 이유로 긍정 측의 입론을 줄이고 마지막 반론 시간을 늘린 것입니다.

나. 의회식 토론의 단계별 토론자 역할

세다나 의회식 토론처럼 토론 대회에서 종종 채택되는 논쟁형 토론의 경우 각 단계별로 토론자들이 자기 임무를 완수하는 것이 중요합니다. 그래야 논박이 치열하게 전개되겠지요? 의회식 토론의 경우 단계별로 토론자들이 맡은 역할은 다음과 같습니다.

1) 긍정 측 첫 번째 토론자 입론(PMC, prime minister constructive): 7분
긍정 측은 안건으로 제시된 논제가 거짓이 아니라 참이라는 것을 증명해야 하는 부담을 집니다. 이에 따라 토론의 논제를 해석하고, 명료화할 필요가 있다고 생각되면 용어를 정의하고, 논점을 명백히 하여 찬성의 이유를 밝힙니다. 즉 토론하고자 하는 논제가 옳은 정책이라는 것을 논리적으로 증명하거나 사실에 근거하여 정당화해야 하는 것입니다. 이 논제가 쟁점으로 부각된 배경을 밝힐 필요도 있고요. 보통 세 개나 네 개 정도의 논점과 그 논점을 뒷받침하는 자료를 함께 제시하면서 심판과 청중에게 긍정 측 주장의 타당성을 설득력 있게 말합니다.

2) 부정 측 첫 번째 토론자 입론(LOC, leader of the opposition constructive): 8분

부정 측 대표의 기본적 책무는 '충돌'입니다. 이것은 긍정 측의 제안을 반대하는 근거가 되는 철학적 배경과 부정 측 입장을 지지할 수 있도록 적극적으로 주장을 내 놓는 것을 말합니다. 그러자면 긍정 측 입론의 논리를 파헤쳐 정면으로 공격해야 합니다. 직접적인 논박의 방법을 취할 수도 있고, 간접적인 논증의 방법을 취할 수도 있습니다.

직접적인 논박이란 긍정 측 논리를 비판적으로 분석하여 일관성의 결여, 논리의 비약, 논증의 오류, 인과 관계의 부적절함, 과장된 주장 등을 지적하는 것을 뜻합니다. 그리고 간접적인 논증이란 긍정 측 발제자가 의제의 타당성을 주장한 내용에 포함하지 않은 문제를 반론의 근거로 제시하는 방법입니다. 경우에 따라서는 기술적으로 전략적 동의를 할 수도 있지요. 말하자면 긍정 측이 지지하는 내용의 일부를 수용하는 것인데, 이를 통하여 부정 측은 토론을 승리로 이끌 한두 가지 논점에만 초점을 맞추어 논지를 전개해 나갈 수 있습니다.

부정 측 입론자는 긍정 측 입론에 나타난 중요한 논점과 쟁점을 몇 가지로 정리하여 균형 있게 언급할 필요가 있습니다. 동의할 수 있는 것과 동의할 수 없는 것을 정리하여 제시하고, 필요한 부분에서 직접 혹은 간접적으로 반론을 펼칩니다.

3) 긍정 측 두 번째 토론자 입론(MGC, member of the government constructive): 8분

부정 측의 첫 번째 입론에서 거론된 논제 분석 내용을 공격하면서 긍정 측의 안건이 지닌 타당성을 재확립하는 절차입니다. 즉 찬성 입론의 내용을 재확인하여 보충하고, 반대 입론의 내용을 분석하여 비판하는 것이지요. 긍정 측이 새로운 주장과 이슈를 제시할 수도 있습니다. 긍정 측 두 번째 입론이 이어진 후에는 연속해서 12분 동안 부정 측의 발언이 전개되는데, 이에 잘 대응하기 위해서라도 긍정의 입장을 확실하게 드러내 보여야 합니다.

4) 부정 측 두 번째 토론자 입론(MOC, member of the opposition constructive): 8분

부정 측의 두 번째 토론자도 긍정 측 두 번째 토론자의 경우와 유사하게 두 가지 역할을 합니다. 하나는 반대 입론의 내용을 재확인하여 보완하는 것이고, 다른 하나는 반대 입론에 대한 긍정 측 논박의 내용을 분석하여 비판하는 것입니다. 이 단계에서 부정 측이 새로운 주장을 제기하거나 불필요하게 주장을 확대시키는 것은 바람직하지 않습니다.

5) 부정 측 첫 번째 토론자 반론(OR, leader of the opposition rebuttal): 4분

부정 측의 입장을 요약하면서 자신들이 왜 토론에서 승리할 수밖에 없는지를 설명하는 마지막 기회입니다. 이 단계에서는 새로운 주장이 등장할 수 없습니다. 대신에 부정 측의 입론과 논박을 바탕으로 지금까지 행한 모든 발언이 상대방을 압도하였다는 것을 다시 한 번

밝혀 줘야 합니다. 그러자면 부정 측의 주장은 긍정 측의 주장과 어떻게 다르며, 왜 자기편의 주장이 더 진실하고 타당한가를 청중과 심판과 상대에게 잘 정리해서 보여 주어야겠지요.

먼저 양측의 논지를 요약해서 대조시키고, 중요한 논점들을 두 개에서 네 개 정도 언급하면서 주장의 차이점을 밝히며, 자기편의 주장이 어떤 점에서 강점을 지니는가를 명백히 제시해야 합니다.

6) 긍정 측 첫 번째 토론자 반론(PR, prime minister rebuttal) : 5분

역시 새로운 주장을 할 수 없습니다. 토론의 전체 내용을 간단히 정리하고 상대방의 결함을 지적하면서, 부정 측의 입장을 고려한다 하더라도 자신들이 이번 토론에서 이길 수밖에 없는 여러 가지 이유들을 제시하여야 합니다.

대체적으로 찬반 토론에서는 논제를 찬성하는 편에 서는 것보다는 반대하는 편에 서는 것이 좀 더 유리합니다. 긍정 측에서 주장하는 것 중에서 어느 것 하나라도 치명적인 타격을 가할 수 있다면 부정 측이 승기를 잡게 되기 때문입니다. 그래서 부정 측에 마지막 토론의 기회를 주면 긍정 측은 타격을 입은 채로 끝날 수밖에 없습니다. 그러므로 마지막의 발언 기회를 긍정 측에 주어 전면적으로 방어할 수 있도록 하는 것이 일반적인 관례입니다. 긍정 측의 반론에서 토론자는 긍정 측의 입론에서부터 부정 측의 반론에 이르기까지의 전반적 과정을 요약하고, 부정 측의 주장들이 논제의 불합리성을 밝히는 데 왜 실패했는가를 밝히면서, 다시 한 번 긍정 측의 중요한 논지를 힘차게 내세우도록 해야 합니다.

다. 의회식 토론의 '발언권 요청(POI)' 제도

   의회식 토론에서는 작전 회의나 휴식 시간 없이 한 토론자의 토론이 끝나면 바로 다음 토론자의 발언으로 이어집니다. 대신에 상대팀이 발언하고 있는 동안 의회에서처럼 보충 질의, 의사진행 발언, 신상 발언 등을 할 수 있는데, 이를 가리켜 '발언권 요청(POI, point of information)'이라고 합니다. '발언권 요청(POI)'을 사용하는 방법은 다음과 같습니다.

   'POI'는 입론이 시작되어 발언 시간이 1분이 경과한 후부터 종료 1분 전 사이에만 사용할 수 있습니다. 이렇듯 반대편이 'POI'를 사용할 수 없는 처음 1분과 마지막 1분을 '보호 시간(protected time)'이라고 하고, '시간을 재는 사람(time keeper)'이나 사회자는 '보호 시간'이 시작되는 시점과 끝나는 시점을 신호를 통해 알려 주어야 합니다. 토론의 시작 단계에서는 논점을 소개하고 마지막 부분에서는 발언의 결론을 정리해야 합니다. 따라서 'POI'에 방해받지 않고 자신의 논점을 소개하거나 결론을 내릴 수 있도록 하기 위해 '보호 시간'을 둔 것입니다. 참고로 발언권 요청을 하거나 이에 응답하는 데 사용된 시간은 발언자에게 할당된 전체 시간에서 제외합니다.
   'POI' 사용자는 상대방에게 '수상' 혹은 '당수'라는 호칭을 사용하거나, '그 점에 대해서는'이라는 말을 해서 상대방의 주의를 끈 후, 발언권 요청이 받아들여질 때까지 일어나서 기다려야 합니다. 여기서 거부당한다면 얌전히 앉아야 합니다. 조금 민망한 상황처럼 느껴지기도 할 것입니다. 발언이 허락되면 신청자는 자기의 이의를 15초 이내에 말해야 합니다.

상대팀 토론자가 발언하는 도중 횟수에 구애됨 없이 'POI'를 신청할 수 있습니다. 이때 상대방에게 발언권을 줄 것이냐, 말 것이냐는 전적으로 토론자에게 달려 있습니다. 그런데 'POI'를 요청받을 때마다 무조건 받아주는 것은 적절하지 않습니다. 자기 말을 끊고 상대방이 질문할 때마다 받아주는 것은 발언의 주도권을 확보하고 있지 못하다는 인상을 줄 수 있기 때문입니다. 또한 'POI'를 매번 외면하는 것도 바람직하지 않습니다. 상대방의 이야기에 귀를 기울이지 않는 독선적인 사람으로 비칠 수 있기 때문입니다. 따라서 'POI'를 적절하게 거부하고 적절하게 수용하는 것도 토론자가 가진 중요한 자질 중의 하나가 될 것입니다. 수용할 때에는 "요청을 받아들입니다."라는 말을 해서 상대방이 발언을 할 수 있도록 하고, 거부할 때에는 "감사합니다만 다음에 받겠습니다."라든지 "미안합니다."라는 말을 해서 정중하게 거절하도록 해야 합니다.

'POI'를 받아들이기 가장 좋은 상황은 발언권 요청을 받아들이는 발언자가 다른 주장으로 넘어가려고 하는 대목입니다. 'POI'를 수락할 경우 대응은 간략하면서도 명료하게 하도록 합니다. 'POI'에 응답하는 시간이 'POI' 시간보다 길어서는 안 됩니다. 예를 들면 "상대편은 이렇게 말했습니다. 이는 잘못된 생각입니다. 이러이러한 경우를 보면 그 경우에 어긋나기 때문입니다."라고 하거나 "상대방의 주장에 따르면 이런 결과가 나옵니다. 이 결과는 상대편이 앞서 말한 이러한 주장과 모순됩니다."라는 식으로 대응할 수 있습니다.

　'POI'를 신청할 때에는 독특한 제스처를 사용합니다. 앉아 있던 자리에서 일어나면서 한 손은 머리 위에 얹고 다른 한 손은 손바닥을 위로 가게 해서 발언자 쪽으로 쭉 펴는 것입니다.(요즈음엔 한 손을 머리 위에 올리는 것이 어색하므로 그냥 자연스럽게 두는 경우도 많습니다.) 이러한 제스처는 근대 영국 의회의 전통과 깊은 관련이 있습니다. 의회식 민주주의의 역사가 깊은 영국은 17세기부터 의원들의 권위와 엄숙함을 드러내기 위해 가발을 쓰는 전통을 갖고 있었는데, 벌떡 일어나면서 한 손을 머리 위로 올리는 것은 가발이 떨어지지 않게 하기 위한 것이었다고 합니다. 또 손바닥을 위로 하여 한 손을 내미는 것은 손에 무기가 없음을 보여 주기 위한 것이었다고 하고요. 이러한 비언어적 의사 표현 동작이 오늘날 아카데미의 의회식 토론 모형에 수용된 것입니다.

라. 의회식 토론의 진행 과정

1) 논제 정하기

의회식 토론의 논제는 퍽 다양하게 선정됩니다. 관습적으로 토론의 논제라고 여겨지는 "사형 제도는 폐지되어야 한다." 같은 정책적인 논제 이외에도, "신앙의 자유는 언론의 자유보다 소중하다."와 같은 가치 명제, 또 "개인의 자유는 신화(myth)이다."와 같은 철학적인 것에서부터 "처음에 성공하지 못하면 포기하라."와 같은 격언 및 속담에 이르기까지, 그야말로 세상의 온갖 것들이 논제로 채택됩니다.

의회식 토론을 대회 형식으로 치를 경우에는 논제가 미리 주어지기도 하지만, 대개의 경우 예비 논제들을 미리 발표한 후 대회 당일 그 중에서 즉석으로 선정합니다. 논제가 발표되면 보통 15분 정도의 준비 시간이 주어지지요. 이 시간 동안에 토론자들은 자신의 역할에 맞춰 어떠한 주장을 펴고 무엇으로 그것을 뒷받침할 것인지를 숙의해야 합니다.

2) 참여자 역할 정하기

정부 측 토론자 2명(예를 들어 국무총리와 법무부 장관), 야당 측 토론자 2명(예를 들어 야당 당수와 야당 국회의원), 사회자, 심판관, 타임키퍼(전자시계를 사용하지 않는 경우), 그리고 청중 역할을 정합니다. 좌석 배치는 다음 그림처럼 하면 됩니다.

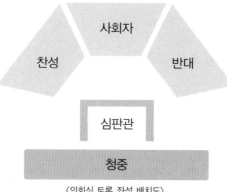

〈의회식 토론 좌석 배치도〉

3) 토론 진행과 사회자

사회자는 발언 순서에 따라 토론이 진행될 수 있도록 안내를 해 주어야 합니다. 예를 들면 다음과 같습니다.

"지금부터 제1회 ○○중(고등)학교 의회식 토론을 시작하도록 하겠습니다. 이번 토론의 논제는 ~ 입니다. 이것은 ~ 점에서 특히 의의가 있습니다. 입론 시 종은 모두 다섯 번을 울리겠습니다. 먼저 첫 번째 종이 울리면 발언을 시작해 주십시오. 1분 지나면 두 번째 종을 울리겠습니다. POI 사용이 가능합니다. 발언 종료 1분 전에 세 번째 종이 울리면 POI를 사용하실 수 없습니다. 발언 시간이 종료되면 네 번째 종이, 그 후 30초가 경과되면 다섯 번째 종이 울립니다. 다섯 번째 종이 울리면 더 이상 발언할 수가 없습니다. 그럼 먼저 찬성 측 국무총리 발언해 주십시오."

또한 사회자는 토론이 끝난 후 토론자들의 입장이 어떻게 바뀌었는지를 물어 봐야 합니다. 즉 원래 자신의 입장은 어떠한 것이었는지, 토론을 준비하는 과정 혹은 토론 중에 입장 변화가 있었는지, 생각이 바뀌었다면 그 이유는 무엇 때문이었는지, 거기에서 어떤 교훈을 얻었는지 등을 토론자들에게 물어 보는 것입니다. 토론자가 자신의 생각과 어긋나는 토론 배역을 맡았을 경우, 그 사람의 소감도 발표하도록 하면 좋습니다.

4) 토론 평가하기

의회식 토론에서 심사 위원은 국회의장으로 간주됩니다. 보통 3명으로 위촉되는데, 공정한 평가를 위해서 심사 위원들은 다음과 같은 점에 유의해야 합니다.

- 자신의 편견을 발견하고 그것과 싸워야 합니다.
- 주장을 평가할 때 동등한 기준을 적용해야 합니다.
- 토론자들이 정직한 마음으로 행동한다고 가정해야 합니다. 만일 토론자가 사실을 잘못 전달했을 경우, 그가 거짓말을 하고 있거나 심사 위원을 속이려 했다고 단정을 지어서는 안 됩니다.
- 토론자들의 선택에 관하여 미심쩍은 부분은 선의로 해석해 주도록 합니다. 토론하는 현장은 비판과 분석을 넘어 창조적인 생각까지 가능하게 하는 열린 토론의 마당이 되어야 합니다. 토론자들의 선택을 선의로 해석해 주는 것은 이들의 창의력이 마음껏 발휘될 수 있는 분위기를 조성하기 위한 것입니다.
- 논제를 미리 해석하지 않도록 합니다. 이것은 토론자들의 몫입니다.
- 토론이 진행되는 도중에는 동료 심사 위원에게 말을 걸지 않도록 합니다. 심사 위원은 무엇보다 듣기에 집중해야 합니다.

- 토론자가 발언하고 있는 도중에는 심사 용지를 작성하지 않아야 합니다. 심사 용지는 발언을 끝까지 잘 듣고 난 후에 작성합니다. 이것은 토론자에 대한 예의이기도 합니다.

의회식 토론의 사례

다음은 '유전자 은행법 제정' 문제를 놓고 의회식 토론을 한 내용 중 일부입니다. 발언권 신청 제도가 어떻게 활용되는지 잘 살펴보시기 바랍니다.

사회자 | 자, 그럼 의회식 토론을 시작하겠습니다. 오늘의 토론 주제는 '유전자 은행법을 제정해야 한다.' 입니다. 먼저 찬성 측 의안을 발의하신 국무총리께서 발표해 주십시오.

국무총리 | 요즘 우리 사회에 흉악 범죄가 들불처럼 번지고 있습니다. 특히 그 가운데 예전에 범죄를 저지른 사람이 다시 범죄를 저지르는, 이른바 재범자의 비율이 특히 높습니다. 이는 범죄를 저지른 사람의 구체적인 인적 정보를 정부가 수집, 관리할 필요가 있다는 뜻입니다.

(이때 반대 측 야당 당수가 벌떡 일어나며 발언권을 신청한다. 국무총리가 발언을 수용한다.)

야당 당수 | 재범률이 높다는 건 인정하지만, 우리 사회의 범죄자들이 모두 재범자가 되는 건 아니지 않습니까?

(국무총리 거기에 대해서 바로 답을 하고 다음 발언을 이어 간다.)

국무총리 | 네, 한 번 범죄를 저지른 사람이 100% 다시 범죄를 저지르지는 않

습니다. 하지만 정부는 모두가 아니더라도 재범 가능성이 있는 소수의 범죄자들을 관리, 예방할 의무가 있습니다.

(다시 야당 당수가 벌떡 일어나며 발언권을 신청한다. 국무총리가 이번에는 팔을 저어서 반대 측의 발언권을 무시하고 다음 발언을 이어간다.)

국무총리 │ 범죄자들에 대한 데이터베이스를 구축하면 수사의 효율성을 높이는 데 도움이 됩니다. 범죄 검거가 비교적 쉬워지고 범죄의 동일성 판단이 유리해지기 때문입니다. 이상으로 입론을 마치겠습니다.

사회자 │ 네, 잘 들었습니다. 이번에는 반대 측 토론입니다. 야당의 당수님 나오셔서 입론해 주시기 바랍니다.

야당 당수 │ 저희 야당은 유전자 은행법 제정을 반대합니다. 요즘 우리 사회의 범죄율이 높아진 것은 인정합니다. 하지만 범죄 발생의 근본 원인을 찾아서 문제를 해결해야지, 범죄를 저지른 사람의 유전자 정보까지 파악해서 감시, 관리하는 방식은 여러 가지 문제를 일으킵니다. 일차적으로 유전자 은행법은 인권을 침해하고, 관리 대상에 대한 과잉 통제의 위험을 안고 있습니다.

(찬성 측 국무총리가 벌떡 일어나며 발언권을 신청한다. 야당 당수는 발언권 신청을 무시하고 발언을 이어나간다.)

야당 당수 │ 또 유전자 은행법의 관리와 운용에 들어가는 비용이 너무 많습니다. 몇 사람의 범죄자를 잡자고 국민의 유전자 정보를 채집, 관리하는 것은 지나친 예산 낭비입니다.

(다시 국무총리가 손을 들며 벌떡 일어나 발언권을 신청한다. 야당 당수가 발언권을 준다.)

국무총리 │ 정부가 범죄를 줄이기 위해 예산을 사용하는 것은 당연한 일입니다. 정부는 그럴 의무와 책임이 있으며, 예산의 가용 범위는 의안 통과 후 실제 계획을 놓고 차분히 조정해 가면 된다고 봅니다.

야당 당수 │ 네, 잘 들었습니다. 범죄를 줄이자는 여당의 주장, 당연한 겁니다. 하지만 오히려 묻고 싶습니다. 정부는 그동안 범죄율 감소를 위해 무슨 일을 했습니까? 그 많은 범죄 방지 예산을 어디다 써 왔습니까? 현재의 치안 유지 시스템을 재점검하고 범죄 방지를 위해 꼭 필요한 분야가 어디인지 파악한 후에 그 분야에 인력과 예산을 투입하는 것이 훨씬 효과적일 것입니다. 이상입니다.

여기에서 본 것처럼 의회식 토론은 발언 중간에 상대방이 발언권을 요청하여 문제를 제기하는 것이 가능하고, 발언권을 받아 줄 것인지 여부는 현재 발언 중인 사람이 결정합니다.

이런 문답 과정은 같은 규칙과 방식으로 입론과 반론, 결론 부분 내내 이어집니다.

의회식 토론 시 주의 사항

의회식 토론은 상대방 토론자의 발언 중간에 일어나 발언권 신청을 하는 만큼 역동성이 넘치고 활기차지만, 규칙과 순서를 잘 이해하지 못하거나 지키지 않으면 의회식 토론의 취지를 잘 살리지 못할 수 있습니다. 의회식 토론의 주의 사항을 같이 살펴보겠습니다.

❶ 각 발언의 단계마다 역할이 있으므로 토론자들이 자기 역할에 맞는 올바른 발언을 하도록 지도합니다.

❷ 의회식 토론의 꽃은 발언권 신청입니다. 발언의 처음 시작 1분과 마지막 1분에는 발언권을 신청할 수 없다는 점을 숙지합니다.

❸ 발언권 신청을 받을 때와 받지 말아야 할 때를 잘 판단해야 합니다. 자기 발언의 흐름이 끊어지지 않도록 하면서 발언권을 너무 거부하지 않는 태도를 보이는 것은 쉽지 않습니다. 따라서 발언권을 어느 시점에서 받는 것이 좋은지 잘 판단할 수 있도록 지도합니다.

의회식 토론의 활용

의회식 토론은 현실 정치에서 국회의원들이 서로 토론을 벌이는 장면을 바탕으로 합니다. 한국의 의회 정치가 성숙한 경지는 아니지만, 이러한 의회식 토론의 훈련 과정을 통해 우리 사회의 의회 토론 문화가 한 단계 나아갈 수 있는 계기를 마련할 수 있을 것입니다.

의회식 토론의 가장 커다란 특징은 토론자가 각 정당의 당수나 의회 대표 역할을 맡는다는 점과 토론 중간에 발언권 신청 제도가 있다는 점입니다.

의회식 토론은 현재 우리 사회가 겪고 있는 갈등을 주요 의제로 다루는 데 매우 유용합니다. 또한 상대방 토론자의 발언 중간에 적절한 문제 제기를 할 수 있는 역량을 키우는 데도 아주 좋습니다. 상대방이 발언할 때 중간에 발언권을 신청하고 자기 의견을 말하기 위해서는 논거와 문제점을 정확하게 짚어 낼 수 있어야 합니다. 이 점에서 의회식 토론은 순발력 있게 자신의 논거를 펼쳐 나가는 능력을 기르는 데 도움이 됩니다.

일반적인 토론에서는 상대편 토론 중간에 끼어드는 것이 결례가 됩니다. 하지만 의회식 토론에는 다른 여타의 토론 방식에는 없는 발언권 신청이 있기 때문에, 이것을 잘 활용하면 토론에 역동성을 불어넣을 수 있을 뿐만 아니라, 한층 더 수준 높은 토론의 맛을 즐길 수 있습니다.

15

연극적 삶과
토론은 지속된다

– 토론 연극

사랑해~♥

정지!

어느 연극 무대. 어둡던 공간에 조명이 들어오면 배우 두 사람이 앞에 서 있다. 남자와 여자. 남자는 거실 의자에 편안하게 앉아서 신문을 보고 있고, 여자는 바닥에 엎드려서 걸레질을 하는 장면이다.

사회자가 나와서 이 상황에 대해서 어떤 느낌이 드는지, 혹은 어떤 이성적인 판단이 생기는지 묻는다. 남자는 편안히 앉아서 신문을 보고 있고, 여자는 바닥에 엎드려 걸레질을 하고 있으니 당연히 대다수의 사람들이 불편함을 이야기한다. 아마도 머릿속에서는 억압, 복종, 차별, 불평등 등 남자와 여자의 일과 역할에 대한 다양한 말들이 스치고 지나갔을 것이다. 이유는 남자와 여자의 역할이 평등하게 배분되지 않았다는 점. 그럼 이 장면을 어떻게 바꾸면 좋을지 사회자가 관객들에게 묻는다.

사회자 여러분들은 이 장면이 맘에 드시나요?

관객들 아니요!

사회자 그럼, 맘에 안 드는 이 장면을 어떻게 바꾸면 좋을까요?

(한 관객이, 아니 '관객 배우'가 손을 들고 자기 의견을 제시한다.)

관객 배우1 둘이서 같이 바닥에 앉아 걸레질을 하는 모습!

사회자 자, 그럼 나와서 저 사람의 몸을 움직여서 그 장면을 만들어 보실래요?

'관객 배우1'이 앞으로 나와서 거만한 듯 신문을 보고 있는 남자를 바닥으로 끌어내려 여자와 마찬가지 모습으로 걸레질을 하도록 동작을 변형시킨다.

자, 그럼 이 장면에 대해서는 다들 만족하십니까?

아까보다는 반대하는 사람들이 적었지만 여전히 맘에 안 드는 다른 관객 배우들이 번쩍 손을 든다. 두 번째 '관객 배우'의 제안은 남자와 여자의 역할을 정반대로 바꾸는 것이다. 즉 여자는 편안히 다리를 꼬고 앉아 신문을 읽고 남자는 걸레질을 하게 하는 것이다.

사회자는 '관객 배우2'를 앞으로 나오라고 해서 장면을 만들게 한다. 그리고 다시 모든 관객들에게 "이 장면에 만족하십니까?"라고 묻는다.

– 성미산 마을극장, 「엄마, 나 셋째 생겼어!」 작품 소개 내용 중에서

관객이 만들어 가는 연극

뭐, 세상에 이런 연극이 다 있나 싶지요?

연극을 하는데 배우들은 허수아비처럼 가만히 있고, 관객들이 끼어들어서 이상한 장면을 연출합니다. 처음 한 사람이 나와서 연극의 한 장면을 바꾸어 놓으니 다음 사람이 다시 그걸 수정하고……. 그래서 극의 흐름이 만들어지나 했더니, 이번에는 또 다른 사람이 나서네요. 여러분들은 이렇게 관객들이 직접 참여해서 내용을 바꾸고 스스로 만들어 가는 연극을 본 적이 있으신가요? 이 연극은 왜 중간에 관객이 들어오는 것을 허용하는 것일까요? 그리고 그 효과와 의미는 무엇일까요?

어떤 특정한 문제 상황이 발생했을 때, 그 문제를 풀어 나가는 방법이나 과정을 배우들이 관객들에게 일방적으로 보여 주지 않고, 관객 한 사람 한 사람이 자발적으로 참여해서 최선의 대안을 같이 모색해 보는 방식의 연극을 '토론 연극'이라 합니다. 논쟁과 대화를 통해서 문제를 해결해 나가는 토론 과정을 연극 속에서 자연스럽게 녹여 내어, 관객들이 활발하게 토론할 수 있도록 한 것입니다. 여기서는 이러한 토론 연극은 누가 왜 만들었으며, 그것을 어떻게 활용할 수 있는지 살펴보겠습니다.

토론 연극의 개념

토론 연극은 브라질의 민중 연극가인 아우구스토 보알(Augusto boal)이 '무언가로부터 억압받는 자들의 연극'을 그려 내기 위해 창안한 새로운 연극입니다. 토론 연극은 마치 형식이 정해진 경기나 놀이처럼 일정한 규칙에 따라 행해집니다. 그 규칙에 다소 변화를 줄 수는 있지만, 규칙 자체가 없어서는 안 됩니다. 토론 연극이 추구하는 목적과 방법을 위해 규칙이 꼭 필요한 것이지요.

아우구스토 보알(Augusto boal) | 연극 연출가이자 정치가로, 1931년 브라질 리우데자네이루에서 태어났다. 1971년까지 상파울루 원형 극장의 지도자로 활동하다 유럽으로 망명하여 왕성한 연극 활동을 펼쳤다. 그의 저서 『억압받는 사람들의 연극』은 전 세계적으로 큰 반향을 불러일으켰다. 보알은 연극을 앎의 한 형식이며, 사회를 변화시키는 수단이라고 생각했다. 또한 인간적인 삶이 가능한 미래를 건설하기 위해서는 연극을 포함한 예술이 적극적으로 나서야 한다고 믿었다.

토론 연극에서는 관객이 내용을 뚜렷하게 알 수 있도록 인물 한 사람 한 사람에게 명확한 개성을 부여합니다. 배우들은 갈등이나 어려운 문제를 해결해야 할 상황에서, 관객이 배우들을 돕기 위해 뛰쳐나오거나 모순을 지적하고 싶은 마음이 들도록 행동합니다. 연극에 참여한 관객들이 제시한 해결책과 방법, 태도 등은 끝에 가서 구체적인 토론 형식을 띠게 됩니다.

토론 연극은 어렵고 깊은 철학적 주제를 다루는 데에는 적합하지 않습니다. 연극적 표현 자체는 다소 깊이 있게 할 수 있으나, 어떤 표현 방식을 사용하든 돈, 사랑, 인간관계 등 실생활과 관련된 구체적인 문제가 제시되어야 합니다. 따라서 연극에서 제시되는 상황이 너무 부조리하거나 지나치게 추상적이어서는 안 됩니다.

토론 연극의 첫 부분은 우리가 극장에서 보는 전통극처럼 진행이 됩니다. 그런 후 관객은 배우들이 보여 준 해결책에 동의하는지 질문을 받습니다. 다시 배우들이 세상을 '있는 그대로' 제시하면 관객이 일어나 세상을 '그렇게 되었으면 하는 것'으로 바꾸고, 그러는 가운데 긴장이 생기면서 적절한 해결책을 모색하게 됩니다. 지금의 현실은 이러한데 이 상황을 어떻게 하면 더 나은 현실로 바꿀 수 있을지를 같이 고민하면서 관객들이 공연에 참여하는 것이지요.

아우구스토 보알의 토론 연극은 브라질 교육학자 파울로 프레이리의 민중교육론과 불가분의 관계에 있습니다. 프레이리가 '억압받은 자의 교육학'을 통해서 민중의 자발적 각성과 참여를 이끌어 냈듯이, 보알은 토론 연극을 통해서 민중을 각성시키고 자신들의 문제를 스스로 해결해 나갈 열쇠를 찾게 도와주었습니다.

토론 연극은 극중에서 배우들이 문제 상황을 연출하면 관객들이 그 문제 상황을 해결하기 위해 적극적으로 참여하는 연극입니다. 관객들이 단순한 관찰자가 아니라 적극적이고 능동적인 배우의 역할을 수행하지요. 비록 문제를 해결하는 정답을 찾지 못할지라도 그것을 찾아가는 과정을 중시하며, 그 과정에서 제시된 다양한 의견을 이해하고 공유하는 것에 목적을 둡니다.

토론 연극의 원리

　관객의 참여와 연극 속에서의 문제 해결이라는 독특한 의미를 담은 토론 연극은 네 가지의 원리에 따라 이루어집니다. 이 내용은 박혜련의 「토론 연극(forum theatre)을 통한 토론 활성화 방안 연구」(서울교육대학교 교육대학원 석사학위 논문, 2006)를 참고하였습니다.

1) 문제 선정의 원리

　토론 연극의 대상이 되는 문제 상황을 선정할 때, 대안이 존재한다면 어떤 것이든 모두 문제가 될 수 있고, 누구든 문제를 제기할 수 있다는 원리입니다. 누구나 자기 고민과 경험을 바탕으로 연극 상황에 끼어들어 더 깊은 문제 제기를 하고 대안을 제시할 수 있습니다.

2) 허용성의 원리

　토론 연극이 행해지는 공간인 마당에서는 어떤 반응과 생각도 모두 허용된다는 원리입니다. 토론에 금기가 없어야 하듯 연극 상황에서도 자유로운 사고와 행동을 억제한다면 원래의 취지를 살리지 못합니다. 주제, 표현, 행동, 언어 모두가 자유로워야 합니다.

3) 다양한 대안 탐색의 원리

　주어진 문제를 해결하기 위한 해결 방안을 제안하는 데 있어, 될 수 있는 한 창의적이고 다양한 의견들이 제안되어야 한다는 원리입니다.

더 말할 것도 없이 바람직한 결론을 얻기 위한 최대한의 창의적인 노력이 필요합니다.

4) 문제 해결 과정 중심의 원리

주어진 문제를 해결하는 것도 중요하지만 문제를 해결해 나가는 과정이 더 중요하다는 원리입니다. 정답을 말하는 게 중요하지 않습니다. 그 결론에 이르는 길에 얼마나 많은 사람들이 자발적으로 즐겁게 참여해서 흔쾌히 동의하는 과정을 거쳤는가가 토론 연극의 생명이지요.

토론 연극의 방법

토론 연극을 진행하는 방법을 간단하게 정리해 보겠습니다.

1) 관객 참여 상황 시범 보이기

관객들이 자리를 잡으면 연극에 어떻게 참여하는지 시범을 보이는 것이 가장 핵심입니다. 이 장의 '들어가기 전에'에서 예를 든 부분이 바로 관객들에게 토론 연극에 어떻게 참여할지를 미리 알려 주는 장면입니다. 말로만 설명하면 잘 와 닿지 않을 수 있으므로, 실제 연극의 상황을 정지 장면이나 간단한 상황극으로 제시하고 관객들에게 연극에 얼마든지 자유롭게 참여할 수 있다는 것을 보여 줍니다.

2) 연극 공연 및 관찰

관객들의 참여에 대한 자세한 안내가 끝나면 배우들이 등장해서 문제와 갈등이 있는 특정한 상황을 극으로 보여 줍니다. 우선 연극의 처음부터 끝까지 전체를 한 번 공연합니다. 관객들은 연극을 관람하면서 등장인물들의 갈등 상황이 어디에서 어떤 이유로 발생하는지 주의 깊게 관찰합니다.

3) 사회자의 역할

한 편의 연극이 끝나면 사회자가 등장합니다. 사회자는 토론 연극에서 매우 중요한 역할을 합니다. 토론 연극의 목표는 다양한 사람들이 참여하는 토론을 통해 의미 있는 결론을 이끌어 내고, 그 과정에서 참여자 각각이 배움과 깨달음을 얻는 데 있습니다. 이 목표를 달성하느냐의 여부는 사회자의 진행 역량에 달려 있습니다.

사회자는 연극의 흐름을 잘 이해하고 있어야 할 뿐만 아니라, 극 속의 갈등에 대한 관객들의 반응까지도 미리 예상하고 있어야 합니다. 그렇다고 사회자가 자기 의도대로 토론을 이끌어 간다는 말은 아닙니다. 다양한 가능성을 충분히 예상하면서 관객들을 배려하고 참여를 이끌어 내야 합니다. 관객들의 대안 제시가 미흡하다거나 문제가 발생할 때는, 열린 마음으로 상황을 이끌어 가는 능력도 보여야 합니다.

4) 갈등 상황 참여시키기

사회자는 관객들에게 연극 상황에 대한 등장인물의 대처에 동의하는지 묻습니다. 연극의 취지가 문제를 제시하고 여러 사람의 생각을 모아 그것을 해결하는 데 있으므로, 대개는 관객들이 동의하지 않습니다. 사회자는 관객들에게 어떤 부분이 동의하기 어려운지를 묻습니다. 이에 관객들이 특정 장면을 지적하면 배우들이 다시 극을 진행합니다. 연극의 맨 처음부터 다시 하기는 어려우므로, 1막이든 2막이든 관객이 동의하지 않는다고 한 부분의 바로 앞에서부터 공연을 다시 시작합니다. 그러면 관객들은 갈등 상황에 대한 새로운 해결책을 제시하면서 극을 변화시키려 합니다. 즉 배우들은 있는 그대로의 세계를 고수하여 모든 것을 이전과 같은 방식으로 이끌어 나가고자 한다면, 관객들은 있을 수 있는 새로운 세계를 만들어 가려고 노력하는 것입니다.

5) 관객 배우의 참여

배우들이 극을 다시 진행하는 중에 관객은 언제라도 "정지!"라고 말할 수 있습니다. 그러면 극을 일시 중단하고 사회자가 관객에게 그 상황을 어떻게 해결하고 싶은지 묻습니다. 관객은 바꾸고 싶은 부분이 정확히 어디부터인지 대사나 동작을 지목해서 배우들에게 알려 줍니다. 지적이 타당하고 대안이 의미가 있다고 판단되면 사회자가 거기서부터 극을 다시 진행시키는데, 이번에는 관객이 직접 주인공이 되어서 연기를 해 보라고 권유합니다. 이 순간 관객은 연극을 관람하던 관객의 입장에서 연기를 통해 극에 참여하는 배우가 됩니다. 즉 '관객 배우'의 개념이 탄생하는 순간입니다.

관객 배우의 등장으로 문제가 해결되면 좋지만 관객 배우가 제시한 대안이 아직도 미흡할 때는 사회자가 같은 방식으로 제2, 제3의 관객 배우를 참여시킵니다.

6) 배우의 역할

관객 배우가 앞에 나와 연기를 하는 동안 원래의 배우는 극에서 완전히 빠지지 않고 무대 뒤에 남아 '관객 배우'의 코치로서 그를 격려합니다. 만약 관객 배우가 지정된 캐릭터에 어긋나는 방향으로 나아갈 때는, 원래의 배우가 그것을 정정해 줍니다. 한 번의 참여로 토론 연극이 마무리되는 경우는 거의 없습니다.

7) 배우와 관객 배우의 갈등

관객 배우가 제시한 대안에 배우들이 모두 따라간다면 연극 토론은 싱겁게 끝납니다. 그러면 큰 의미가 없겠지요. 관객 배우가 등장하여 주인공 역할을 맡는 순간부터 나머지 배우들은 그를 괴롭히는 억압자가 됩니다. 만약 배우가 이미 억압자의 역할이었다면 그 강도를 더 높여 나갑니다. 그래서 관객 배우로 하여금 현실을 변화시키는 것이 얼마나 어려운지 느낄 수 있게 해 줍니다. 토론 연극은 결국 세계를 변화시키려고 애쓰는 관객 배우들과 그들의 발목을 묶고 현실에 수긍하게 만들려는 배우들 간의 치열한 싸움입니다.

8) 다른 관객 배우의 참여

문제 해결이 쉽지 않다고 판단한 관객 배우가 더 이상 대안 제시를 포기할 때는 다시 원래 배우가 역할을 맡아 정해진 결말을 향해 극을 진행합니다. 이때 다른 방식으로 문제를 해결할 수 있다고 판단한 또 다른 관객 배우가 "정지!" 하면서 무대로 나와 고치고 싶은 부분을 말하면, 거기서부터 다시 새로운 극이 시작됩니다.

9) 관객 배우의 참여로 인한 억압 제거

관객 배우가 계속 참여하는 과정에서 관객 배우는 원래 배우들의 억압을 깨뜨리게 됩니다. 그다음에는 관객 배우들에게 주인공뿐 아니라 억압자의 역할까지 맡게 하고, 원래 배우들은 관객 배우들의 코치 역할만 해 줍니다.

10) 사회자의 조율

사회자는 이 전 과정을 이끌면서 상황을 적절하게 조율해 갑니다. 사회자는 관객 배우들이 언제든지 자신의 대안을 말하면서 연극에 참여할 수 있도록 유도합니다. 또한 관객 배우들과 기존 배우들 사이의 갈등이 첨예해지고, 관객 배우의 대안이 저항을 받아서 한계에 부딪치면, 제2, 제3의 관객 배우들이 참여할 수 있도록 유도합니다.

일정한 시간이 지났는데도 문제 해결이 안 되거나, 어느 정도 시점에서 적정한 대안이 제시되면, 사회자는 연극 토론의 내용과 의미를 관객들과 함께 정리합니다. 사회자는 연극의 내용 속에서 갈등을 풀어 나가는 과정과 방법이 어떤 의미가 있었는지 공유하고, 나아가 연극 토론이 우리 사회의 갈등을 풀어 나가는 데 얼마나 효과적이고 유의미한지 이야기를 나눕니다. 일반 관객이나 관객 배우들에게 소감을 묻고 연극 토론의 의미를 정리하는 것도 좋은 마무리 방법입니다.

다음은 실제 토론 연극을 참관한 내용입니다. 토론 연극이 어떻게 진행되는지 생생하게 느껴 보시기 바랍니다.

토론 연극의 사례(참관기)

2010년 10월 3일. 비가 오락가락 하는 가운데 고양시 아람누리에서 열린 토론 연극을 참관했습니다. 교육연극연구소 '프락시스(PRAXIS)' 단원들이 공연을 했습니다. 제목은 "엄마, 나 셋째 생겼어!"

저출산 시대에 경제적인 문제로 아이를 키우기 어려운 한 가정의 다산 문제를 다루었는데, 안내에 나온 작품 소개를 보면 다음과 같습니다.

본 포럼 연극은 고령화 저출산 시대, OECD 가입국 중 저출산 1위인 한국의 육아 문제에 대해 서로 다른 세대가 가진 다양한 시각을 무대 위에서 소통하고자 기획한 작품입니다. 2009년 교육연극연구소 프락시스(PRAXIS)는 성미산 마을극장, 서울문화재단과의 협력으로 성미산 마을의 50대 후반부터 70대 어머니들과 함께 살아가면서 겪는 많은 이야기들을 몸으로 풀어 보고 함께 나누는 프로그램을 통해 자녀 출산 및 양육의 고민들을 깊이 공감하였습니다. 그

토론 연극 「엄마, 나 셋째 생겼어!」

어르신들의 이야기를 토대로, PRAXIS 배우들이 포럼 연극으로 창작하여 다양한 세대들과의 소통의 장을 마련하였습니다.

본격적인 토론 연극에 들어가기에 앞서 전체 과정을 이끌어 주는 역할을 하는 분(사회자 혹은 조커)이 나와서 토론 연극의 개념을 설명해 주었습니다.

실제 진행극은 2009년 성미산 마을 주민들과 함께한 '엄마, 나 셋째 생겼어!' 라는 극이었습니다. 극은 전체 5막으로 이루어져 있었습니다.

〈인물 소개〉

- **전은자 여사** : 평범한 60대. 딸을 도와 손주를 돌봐 주려고 하지만 손주 수가 늘어나면서 손주를 돌보는 일을 갈수록 힘들어 한다.
- **딸** : 손주를 돌봐 준다는 친정어머니에 기대어 구체적인 가족 계획 없이 자녀를 둘 낳고 셋째를 임신한다.
- **사위** : 대학의 시간 강사. 직장이 불안정하고 논문을 쓰기 위해 바쁘다.

- **전은자 남편** : 육아에 그다지 관심 없고 여사를 도와주지 않는다.
- **전은자 후배** : 같이 취미 생활을 하는 역할. 키우는 손주가 없어서 삶이 퍽 여유롭다.

〈줄거리〉
- **1막** : 전은자 여사와 남편, 딸과 사위 그리고 친구가 단란하게 생일 상을 차려 먹는데, 딸의 임신 소식을 들은 전은자 여사가 '자식을 얼마든지 낳아라. 이 엄마가 낳는 대로 다 키워주겠다.'라고 말한다. 이것이 사건 전개의 핵심이다.
- **2막** : 첫째를 키우느라 바쁘고 힘든 전 여사. 딸은 주중에 자기가 집에 데려가기 힘드니 아예 집에서 봐 달라고 한다. 대신 주말에는 자기가 데려가 키우겠노라고……. 손주를 키워 주겠다는 약속을 한 바 있고, 딸은 딸대로 너무 힘들어 하는 게 안쓰러운 전 여사가 그 말을 거절하지 못하고 받아들인다.
- **3막** : 어느덧 둘째를 임신한 딸은 둘째까지도 전 여사에게 부탁을 한다. 전 여사는 너무 힘이 들어 한숨이 나올 지경이지만 역시 쉽게 거절하지 못한다.
- **4막** : 모처럼 시간이 난 전 여사. 친한 후배의 연락을 받고 재미난 연극을 보러 나갔지만, 갑작스런 딸의 호출에 손주를 보러 가야만 한다. 딸이 부르면 수시로 아기를 보러 가는 전 여사의 삶은 처량하기 그지없다.
- **5막** : 두 아이를 돌보느라 정신이 없는데, 주말에 딸 내외가 아이들을 데리러 왔다. 아이를 내어 주려 하는데, 딸의 청천벽력 같은 한마디. "어머니, 저 셋째 가졌어요!" 하늘이 노란 전은자 여사…….

물론 연극에 앞서 사회자가 나와 관객 배우들의 참여에 대한 교육은 이미 충분히 시킨 상태였습니다. 앞서 소개한 남과 여의 정지 장면도 이 연극 공연에서 본 것입니다.

재미있는 연극이었습니다. 연기도 주제도 쉽고 재미있었습니다. 앞에서 설명했던 것과 같이 배우들은 먼저 연극 전체를 보여 주었습니다.

연극이 끝난 뒤 사회자는 전은자 여사가 딸의 말에 충격을 받는 마지막 장면을 언급하며, 왜 이런 상황까지 왔는지, 그 전에 어떤 단계에서 문제를 전환하거나 해결했으면 좋겠는지 관객들에게 묻습니다. 관객들 대다수는 2막이라고 했으나, 어떤 '관객 배우'는 1막에서부터 전은자 여사의 반응에 문제가 있었다고 지적합니다. 그리고 이어지는 대화들. '전은자 여사가 극 중 상황에서 좀 더 주체적이고 이성적인 목소리를 냈어야 한다.', '나중에는 어머니와 딸뿐만 아니라 사위와 남편까지도 참여해서 문제를 풀어야 한다.', '딸과 사위도 자식을 너무 고민과 대책 없이 낳았다.' 등 문제의 초점과 해결 방안이 다양하게 펼쳐집니다.

시간 제약이 있기 때문에 계속 진행을 할 수는 없었습니다. 문제를 완전히 풀어 나가려면 밤을 새워도 부족하겠다는 생각이 들었습니다. 극을 마치면서 이 과정을 이끌어 온 사회자가 마무리 발언을 하였습니다.

가장 인상적으로 참여를 하신 분의 이야기를 소개하며 일정을 마치겠습니다. 현실 여건에서 다산과 육아 문제는 쉽게 풀 수 없을지 모릅니다. 토론 연극은 대안적인 결론도 중요하지만 문제를 풀어 나가는 과정도 중요합니다. 따라서 관객들의 참여가 중요합니다. 작년 성미산 마을에서 공연했을 때도 마찬가지였습니다. 그 공연에서 우리는 정답을 찾기보다는 다양한 의견을 수렴하는 데 의미를 두었습니다. 여기서는 그날 들었던 말 중에 가장 인상적인 대목 하나를 말씀드리려고 합니다. 극의 주인공 전은자 여사처럼 연세가 지긋하신 분이셨습니다.

"아기도 생명인데, 일단 낳아야 하지 않느냐."

사회자의 마무리 말이 인상 깊었습니다. 오랜 생을 살아오시고, 소중한 한 생명을 바라보는 노인의 시선과 무게가 느껴지는 말이었기 때문입니다. 아무리 먹고살기 힘들고 키우기 힘들어도, 귀한 생명을 헛되이 버릴 수는 없다는 생명의 윤리가 비장하게 느껴졌습니다.

토론 연극 시 주의 사항

토론 연극의 생명은 관객과 배우 그리고 사회자 삼 주체가 적절하게 어울려서 상황에 대한 고민을 나누고 문제를 함께 풀어 나가는 데 있습니다. 각 주체의 역할이 조금이라도 어긋난다면 토론 연극을 성공적으로 마치기 어렵겠지요. 이러한 토론 연극을 진행할 때의 주의 사항을 살펴보겠습니다.

❶ 토론 연극의 정신과 뿌리는 관객의 주체적인 참여에 있습니다. 어느 공간에서든지 관객들이 자연스럽게 참여할 수 있도록 편안한 분위기를 조성해야 합니다.

❷ 본 연극을 시작하기 전에, 정지 장면이나 짧은 상황극으로 시범을 보여, 관객들이 얼마든지 연극에 참여해서 자기 역할을 할 수 있다

는 것을 보여 줍니다.

❸ 연극이 진행되는 동안 관객들은 어디가 문제 상황인지를 곰곰이 생각해 봅니다. 그리고 자신이 문제를 제기하고 싶은 장면을 메모하거나 정리해 둡니다.

❹ 연극을 마치고 문제 상황에 대한 토론이 시작되면, 누구든지 손을 들고 나와서 문제가 되는 장면을 지적하고 본인이 생각하는 대안을 제시할 수 있습니다. 이때, 특정한 사람의 대안이 정답이 되는 것은 아니라는 점을 말해 줍니다. 즉 여러 사람들이 얼마든지 다양한 대안을 제시할 수 있음을 공표하고, 참여 관객들도 충분히 그 부분을 숙지하도록 합니다.

❺ 가능하면 대안을 제시한 사람이 나와서 직접 연극으로 보여 주는 것이 좋습니다. 하지만 진행자가 토론만으로도 충분하다고 판단하거나 시간적인 제약이 있을 때에는, 굳이 연극으로 이어가지 않고 가벼운 토론 정도로 마무리를 하면서 대안을 모색할 수도 있습니다.

토론 연극 경험에 대한 소감

토론 연극은 냉철한 이성과 따뜻한 감성이 같이 어우러진 무대를 추구합니다. 마치 이성과 감성이 날카롭게 싸우는 듯하다가도 사랑하는 한 쌍처럼 뒤엉켜 있는 것입니다.

그래서 토론 연극을 소개하는 어느 극단의 홍보 문구에는 "연극과 생활이 분리되지 않는 참여하는 연극, 살아 있는 연극, 즐기면서 배우고 체험하는 연극을 지향"한다고 써 있습니다. 실제 토론 연극을 체험한 학생들도 재미있고 실감난다는 반응을 보였습니다. 다음은 미혼모를 주제로 한 토론 연극의 소감들입니다.

연극을 통해서 상황을 설정해 주고 토론을 하니까 훨씬 몰입이 잘 돼요. 역할에 따른 논리도 잘 이해가 가고요. 깊이 있게 준비를 하지는 못했지만 토론이 더 잘 되는 느낌이에요.

소품으로 사용한 베개를 안고 토론을 하는데도 마치 내가 아기를 키우는 미혼모 같은 심정이었어요. 머리로만 토론을 하는 게 아니라 온몸으로 토론하는 심정을 이해하겠더라고요. 다들 발연기라고 하지만 연기도 훌륭했어요. 특히 지현이의 연기는 짱이에요.

연극 중간에 우리가 스톱을 외치고 뛰어 들어가 함께 공연을 하면서 논리적 대결을 벌인다는 점이 무척 흥미로웠어요. 4장의 단막극이기는 했지만, 남녀 연애와 성관계 그리고 임신과 출산 등 우리 또래가 겪는 문제들을 생생하게 잘 다루어서 아주 재미있었어요.

아이를 낳은 여학생이 학교에 아이를 데려와 키운다는 게 상상이 안 갔는데, 막상 데려와서 키우는 문제 상황을 겪다 보니 실감이 났고요. 선생님 입장에서 그 학생을 비판하다 보니 오히려 선생님들의 처지가 잘 이해가 되었습니다. 시간이 모자라 궁극적인 해결책을 마련하지 못했지만, 길게 토론하다 보면 같이 살아갈 해답을 찾을 수도 있겠어요.

관객으로 앉아 있지 않고 마치 주연 배우가 된 듯 한 사람 한 사람이 무대로 올라가 배우처럼 행동하는 모습이 좋았어요. 특히 아버지의 역할에 불만을 느끼고 강력하게 반발한 선배 언니의 용기가 멋졌어요.

같이 참여했던 선생님들의 반응도 크게 다르지 않았습니다.

늘 원탁 토론과 세다 토론만을 집중적으로 훈련시켜 왔던 터라 토론을 재미나게 한다는 생각을 못했는데, 토론 연극은 신선한 경험이었습니다. 평소에 이 정도 토론 연극을 하려면 적어도 두 시간 이상 걸릴 텐데 시간이 부족한 게 아쉽습니다. 방학 때 캠프를 이용한 토론 연수에서 다시 해 보고 싶습니다.

연극을 한 번도 해 보지 않은 학생들이 역할 나누기, 인물 분석하기, 대략의 줄거리에 따른 대사 만들기, 연극 공연과 관객 배우로 참여하기 등을 하는 동안, 시간이 언제 그렇게 흘렀는지 모를 정도로 빠르게 지나갔습니다. 토론은 토론대로 팽팽하게 진행되었지요.

이처럼 토론 연극은 무겁고 심각한 정책 토론과 달리 우리들이 살아가면서 겪는 일상의 문제들을 다양한 관점과 입장에서 다룰 수 있다는 것이 장점입니다. 갈등의 당사자들이 직접 겪는 문제를 제삼자의 상황처럼 만들어서 풀어 가다 보면, 미처 생각하지 못했던 방법이 생기면서 고민을 해결할 수 있는 길도 보이지요.

학생들이 학교에서 생활하다가 겪는 갈등 또는 가정이나 우리 사회에서 일어나는 갈등들을 재미있고 자연스러운 토론으로 풀어 보고 싶다면, 토론 연극을 적극 활용해 보시기 바랍니다.

토론 여행을 마치며

이 책의 제 소개 부분에 제가 좋아하는 김지하의 시집 『애린』의 서문에 나오는 몇 구절을 인용했었습니다. 이 책을 마치면서 그 의미를 다시 새겨 볼까 합니다.

아직도 바람은 '서쪽' 에서 불고,
아직도 우리는 그 바람결에 따라
우줄우줄 춤추는 허수아비 신세,
허나 뼈대마저 없으랴.
바람에 시달리는 그 뼈대가 울부짖는 소리
그것이 애린인 것을……

최근 서쪽 바람을 타고 서양에서 '디베이트' 의 이름과 형식을 빌린 다양한 대립 토론이 전국적으로 확산되고 있습니다. 합리성과 비판성이 부족한 우리 교육 현실에 이러한 토론 교육과 문화의 확산은 매우 바람직하고 고무적인 현상입니다. 다만 우려가 되는 점은, 이 찬반 대립 토론인 '디베이트' 를 토론의 전부인 것처럼 알고 디베이트 교육이 토론 교육의 모든 것인 양 몰아가는 현상입니다.

일찍이 아테네 민주주의를 발전시킨 서구에서 나름대로의 규칙과 형식을 가꾸어 온 디베이트가 발전한 것은 어찌 보면 당연한 일입니다. 그리고 그러한 열매를 잘 거두어서 우리 현실에 접목하려는 시도와 노력 또한 높이 살 만합니다. 하지만 서구식 디베이트가 토론의 모든 것을 대표할 수 없고 그래서도 안 된다고 생각합니다.

디베이트 교육의 장점들을 충분히 수용하되 그 한계를 극복하기 위해 노력하는 한편, 서구식 디베이트 교육을 창조적으로 응용, 변형하여 우리의 현실에 맞는 더 좋은 토론 방법들을 개발하기 위한 지혜를 모아야 합니다.

토론이란 무엇이고, 왜 토론을 해야 하는가? 1권에서 자세히 다루기도 했지만 다시 한 번 김수영의 시 한 구절을 인사 삼아 이 기나긴 토론 여정의 마지막을 장식할까 합니다.

욕망이여 입을 열어라 그 속에서
사랑을 발견하겠다

사회 정의와 언론 자유가 없는 고난의 현실 속에서 진정한 자유와 사랑을 찾아 몸부림친 시인 김수영의 사랑 노래, 「사랑의 변주곡」의 첫 구절입니다. 입을 열기만 하면 튀어나오는 현대인의 뜨거운 욕망, 때로는 토론도 그러한 욕망의 산물이 아닐까 고민한 적이 많습니다. 토론은 싸움이니 논리적으로 이겨야 한다는 승리의 욕망, 나아가 진정으로 소통하고 인정받고 설득하고자 하는 마음조차도 우리가 쉽게 다스리지 못하는 욕망의 그림자일지 모른다고 말입니다. 이소룡의 말 대로 절권도가 영원히 완성되지 않는 무술이라면, 토론이 영원히 완성되지 못하는 쿵푸라면, 욕망 또한 영원히 우리와 함께 하는 삶의 그림자이자 동반자이겠지요. 그래서 감히 김수영과 같은 꿈을 꾸어 본다면, 욕망의 입을 열어 살아가야 하는 범속한 인간의 삶으로 사랑을 꿈꾸어 본다면, 욕망의 입을 열고 그 속에서 진정한 사랑을 발견하려는 치열한 몸짓과 노력, 토론은 그런 것이 아닌지, 그런 것이어야 하지 않은지 되새겨 봅니다. 긴 토론 여행에 함께해 주신 독자 여러분들께 다시 토론의 길을 함께, 그리고 오래 걷자는 손을 내밀며 글을 마칩니다.

모두 행복하시기를 바랍니다.

– 유동걸

토론의 전사 2 - 토론의 방법을 찾다

초판 1쇄 2018년 10월 20일 발행

지은이 ㅣ 유동걸
펴낸이 ㅣ 유덕열

기획 및 편집 ㅣ 이진화, 박세희, 유덕열
표지 디자인 ㅣ 박윤정
본문 디자인 ㅣ 북팩토리

펴낸곳 ㅣ 한결하늘
출판등록 ㅣ 제2015-000012호
주소 ㅣ 경기도 안산시 단원구 선삼로4길 11 (101호)
전화 ㅣ (031) 8044-2869 **팩스** ㅣ (031) 8084-2860
이메일 ㅣ ydyull@hanmail.net

ISBN 979-11-88342-09-9 03170

이 도서의 국립중앙도서관 출판예정도서목록(CIP)은 서지정보유통지원시스템 홈페이지
(http://seoji.nl.go.kr)와 국가 자료공동목록시스템(http://www.nl.go.kr/kolisnet)에서
이용하실 수 있습니다.(CIP제어번호: CIP2018032995)